手にとるようにわかる

デジタル
マーケティング
DIGITAL MARKETING
入門

宇都雅史
MASASHI UTO

かんき出版

はじめに

「僕は日本の EC [※] サイトは、まだまだやれると思っています」

　これは、もともとは EC サイトの支援企業で 10 年以上の経験を積み、EC 事業運営側に活躍の場をシフトした、私の友人の藤井さんの発言です。

　実は、フルネームと実会社名での紹介を予定していたのですが、藤井さんは本書の執筆中に大手企業のデジタル・EC 事業の再構築というミッションを託され、ヘッドハンティングされたため、諸事情に鑑みて名字のみでの紹介となってしまいました。藤井さんは、かつて某企業の EC 事業責任者として着任し、月商 1,000 万円足らずだった事業を、わずか 2 年で月商 3 億円 (繁忙期) にまで引き上げました。

※ EC：Electronic Commerce の略。日本語では「電子商取引」と訳される。一般的にはネットショップ、ネット通販などが該当。

　私が藤井さんに「何をやったのか？」と質問したところ、返ってきたのは「本当に大したことは何もやっていないんですよ」という答えでした。

　つまり、こういうことです。

　着任時、その会社ではマーケティングの「マ」の字も実行していなかったので、当たり前のマーケティング活動をしただけ。

　そこで藤井さんは、事業全体を数値化して無駄を排除し、伸びるところに投資を厚くした。そして、具体的に彼が重点投資したのは「Google ショッピング」でした。

　同社は商材とビジネスモデルが特殊だったため、施策をこの広告手法と数値分析に絞り、ひたすら磨き続けたと言います。

2

藤井さんいわく、「事業主側で仕事をして、改めて思いました。デジタルマーケティング支援といっても、自社サービスを売り込みたい営業ばかりで、こちらの事業を理解して、必要なソリューションを提案してくれる企業が本当に少ない」ということでした。

いろいろな企業から提案をいただく機会が多かったそうですが、プロダクトアウトのねじ込み営業が多かったといいます。

全ての営業サービスが悪いわけではないので、「可能性があるサービスはテスト導入を実施し、事業の成長に寄与したか？ を冷静に判断して、ダメなら停止。良ければ継続。あとは、在籍していた企業のポテンシャル通りに伸びた」

ということです。

藤井さんとのマーケティング談義でよくテーマになるのは、デジタル・Web マーケティングを必要とする企業の「マーケティング」に対する真剣度です。

それが、冒頭のコメントでした。

私は 20 年近く、EC・Web マーケティングで、様々な企業様を支援する機会をいただいてきましたが、その過程で見つけた 1 つの真理があります。

それは、**事業成長に必要な最強のマーケターは、支援を行う企業ではなく「クライアント自身」である**、という点です。

実際、カテゴリを代表するような Web・EC 系企業のマーケティング担当の方は、自社の事業成長に、どのような戦略・施策が必要か？ 誰よりも見えています。

一方で、昨今、マーケティングの頭打ち状態に悩む企業が非常に増えています。

デジタル化・テクノロジーの進化は、私たちの生活を豊かにし、マーケティング現場においても、様々な場面で業務の効率化はもとより、

想像もできなかったような複雑な手法を実現できる環境を提供してくれました。

Google、Apple、Facebook（現・Meta）、Amazon（4社の総称としてGAFAと呼ばれている）をはじめとするプラットフォーマーは、消費者にとって「なくてはならない存在」へと瞬く間に進化を遂げる一方で、膨大な顧客データを基盤に、一部の日常生活のデータを掌握しており、私たち事業主は、各プラットフォーマーが策定したルールに従わざるを得ない状況・領域が広がりつつあります。

その結果、ITPやCookie規制のように「個人情報」に関する、企業としての"モラル"も問われる時代になりました。

このような土台の上に、国内外様々なデジタルマーケティング手法や支援サービスが乱立しているのが現在です。

「便利そう」ですが、「複雑そう」です。

そして「複雑そう」であるが故に、数多くの企業が無意識に続けてしまっている「無駄」を、私たちは見てきました。

その原因は、言葉を選ばずに言わせていただきますと、事業会社の「情報武装」に対する認識の甘さと「専門家に任せておけばよい」という誤解や、怠惰な姿勢にあります。

では、全てが事業会社の責任なのでしょうか？

学ぶことを放棄しているからでしょうか？

マーケティングに真剣に取り組んでいないからでしょうか？

違います。もし、**あなたの企業が、無意識に無駄な投資を行っていたり、誤解だらけの認識を持ち続けていたりするとしたら、その根本的な原因は、私たちを取り巻く環境にあります。**

その環境とは、デジタル・Webマーケティングの構造です。

詳しくは本文で解説していきますが、端的に言えば「競合企業との競争」が強制的に発動する仕組みになっており、デジタル・Webマーケティングへの参入企業数に比例して、マーケティングコストが無尽

蔵に増えていく構造になっているからです。

　それらに加え、専門の支援企業と呼ばれる会社（弊社の一部事業も同じく）は、この構造によって収益を得ているため、気づいていないか、仕方のないことと割り切っているのです。

　ですが、このような状態になったのは、誰が悪いわけでもありません。構造をつくったプラットフォーマーも、事業主も専門企業も、誰も悪くありません。構造そのものが、必然的に生んだ単なる結果にすぎないのです。事業主も、私たちのような専門企業も、その構造のメリット・デメリットを考え、各企業の立場を考えながら、デジタル・Web マーケティングの中を生きていかなければなりません。

　本書の目的は、あらゆる企業の「無駄な投資を排除」し、「事業成長に直結させる」ことです。現在、デジタルマーケティングを実施していても、していなくても関係ありません。

　この目的を達成するために、本書では「**デジタルマーケティングの定義と実態**」に触れ、「**戦略**」「**指標・分析**」「**ネット広告の改善**」「**クリエイティブの改善**」といった具体的な施策を、**誰でもマネジメント可能な「型」に落とし込みました。**

　さらに弊社のマーケティング支援事業の体系化資料を限界まで削ぎ落とし、要点を押さえ、業界のタブーやブラックボックスにも触れながら、わかりやすくまとめています。

　また、弊社の専門外ではありますが、**マーケティング拡大時に課題となる「組織」「ブランド構築」**に関しても、弊社クライアント企業様からの学びと、パートナー企業でもある、実績豊富な専門家の方々に取材協力をいただき、紹介しています。

　「デジタルマーケティング」といっても、発信者によって定義は様々です。また、事業ドメイン（領域）によっては必要となる「デジタルマーケティング」の内容は大きく変わります。

本書がお役に立てる範囲をあらかじめお伝えしますと、誰にでも理解できるようにデジタルマーケティングを解説しており、さらに具体的な手法に関しては、デジタルマーケティングの「ド真ん中」であるWebマーケティングを中心に解説しています。

　デジタルの世界は、変化のスピードが激しいのは事実ですが、変化の中にも不変の思考・マネジメントの観点が存在します。

　また、表面的には新しく見えることでも、過去の類似施策なども多く、グルグルと同じ場所を回っている印象を受けるケースもあります。

　弊社メンバーの多くは、マーケティング施策の「数値変化」に触れると心が高揚します。このオタク気質が支持されているかどうかわかりませんが、ラッキーなことに業界・カテゴリを代表する様々な企業様や、後々、新カテゴリを牽引する企業様とのご縁をいただく機会も多く、正直、支援というよりも、弊社が学ばせてもらう機会が多かったというのが実際のところです。

　本書では、これまでの間、ご縁をいただいてきました多くの企業様と共に真剣に数値と向きあい、壁にぶつかりながら突破してきた「実体験」をもとにして、マーケティング現場で必要不可欠な要素をシンプルにまとめました。

　最後になりますが、本書を手にされたあなたの会社が、いま現在、デジタルマーケティングを実施していても、していなくても、無駄な投資を回避し、デジタルマーケティングへの投資を最大限に事業成長に直結させるために、本書は必ず役立ちます。

　AIによる自動化が、日進月歩で進化しているデジタルマーケティングの今日を考えますと、新たにスタートする、あるいは再スタートするのは、今が最後のチャンスかもしれません。

　デジタルマーケティングを本当の意味で制するために、未来永劫、武器となる情報武装を整え、デジタル・Webの力を最大限に活用して、御社のマーケティングを無駄なく加速させていきましょう。

手にとるようにわかる

デジタルマーケティング入門

Contents

はじめに ………………………………………………………………… 2

Chapter **1**

デジタルマーケティングの「定義」と「実態」 ……………… 16

01 デジタルマーケティングとは? ……………………………… 16
02 企業はどのように向き合うべきか? ………………………… 19
03 デジタルマーケティングの役割 ……………………………… 21
04 デジタルマーケティング「MAP」 …………………………… 23
05 「最適な選択」をするための〈土壌〉 ……………………… 25
06 具体的に検討してみる ………………………………………… 29

Chapter **2**

進化するWebマーケティング ………………………………… 35

01 デジタル技術の進歩と「Webマーケティング」の飛躍 … 35
02 データがあれば、何でも解決してくれるのか? ………… 41
03 「人」が担う領域は重要度が非常に高い ………………… 48
04 事業成長に不可欠な「Webマーケティング」を
   効果的に運用するには? ……………………………………… 50

Contents

Chapter **3**

正しい戦略　53

01	「正しい戦略」とは？	56
02	戦略の設計方法　❶ 土台	59
03	戦略の設計方法　❷ 柱「集客」	63
	Column　集客の「質」と「リピート」	70
04	戦略の設計方法　❸ 柱「成約」	72
05	戦略の設計方法　❹ 柱「リピート」	78
	Column　リピートの威力	79
06	戦略検討時の注意点　①「疑問点は流さない」	88
07	戦略検討時の注意点　②「根拠を探る」	89
08	戦略検討時の注意点　③「努力する領域を絞る」	92

Chapter **4**

売上試算　96

01	マーケティング運用現場の流れ	97
02	基本構成	98
03	新規売上を試算する	99
04	リピート売上を試算する	101
05	2STEP サイトの売上試算	104
	Column　法人向け企業が個人向け EC 事業参入を検討	106

Chapter **5**
指標 ⸻ 107

01	正しい「指標」の設定・運用を体得するために ⸻ 109
02	選択可能な「基本指標」 ⸻ 112
03	真実を炙り出す「指標」〜集客〜 ⸻ 113
04	真実を炙り出す「指標」〜成約〜 ⸻ 122
05	事業成長に貢献したのかを判定する指標 ⸻ 126

【応用編】 ⸻ 133

06	応用編：集客 ⸻ 133
07	応用編：成約 ⸻ 140

Chapter **6**
ネット広告の分析と改善 ⸻ 145

01	ネット広告とは ⸻ 148
02	ネット広告の改善 −準備− ⸻ 151
	Column "自動化時代"に基礎公式は必要なのか? ⸻ 158
03	改善対象項目とコントロール可否 ⸻ 160
	Column 品質スコアとクリック単価の関係 ⸻ 162
04	ネット広告の改善策を導く ⸻ 163

【検索連動型広告】− 改善策 − ⸻ 164

【ネットワーク広告】− 改善策 − ⸻ 169

【参考】広告媒体の種類 ⸻ 173

Chapter 7
クリエイティブの改善 179

01	クリエイティブテストの意義	186
02	クリエイティブテストの準備	188
03	訴求の切り口・言葉を開発する【5つのSTEP】	192
04	「クリエイティブテスト」の【手順】	194
	Column 「回りくどくないか?」	196
05	クリエイティブテスト① 検索連動型広告	197
06	クリエイティブテスト② ネットワーク広告（言葉・画像）	202
07	クリエイティブテスト③ 専用LP	205

Chapter 8
マーケティング組織論 209

01	よくある「マーケティング組織」の例	210
02	「内製」と「外部委託」の選択	213
03	好循環なマーケティング組織「5つの特徴」	218
04	標準として持つべき「5つの機能」	222
05	マーケティングチームを自走させる「5つのSTEP」	225
06	これからのマーケティング組織	230

Chapter **9**
ブランディング・愛着度 ……… 234

01 世界観・ブランドとは ……………………………… 236
02 「ブランドの所有者は誰か?」 …………………………… 238
　　── 株式会社エフインク　萩原社長
03 グローバル企業は「ブランド構築」と
　　「販促・プロモーション」の2本立てです ……… 244
　　── imOrOck　白部さん
04 「ブランド強化広告」と「ブランド構築広告」は異なる ……… 250
　　── 株式会社ディーズ　阪尾社長
05 「愛着」を構成する要素とは? ……………………… 255
06 「新規購入」から「愛着」を生む循環 ……………… 259

Chapter **10**
SNSを活用する ……… 262

01 主力 SNS の利用者 ………………………………… 266
02 SNS を取り巻くプレーヤーと関係性 ……………… 268
03 「拡散」の種類 …………………………………………… 273
04 ダイレクトレスポンスという観点 …………………… 275
05 SNS に抱く幻想 ……………………………………… 279
06 SNS の利点を活かす ……………………………… 281

Contents

07 SNS 上の支持者を増やす ·································· 287

おわりに ·· 297

デジタルマーケティングでよく利用される指標 ············· 301

カバーデザイン：井上新八

本文デザイン・DTP：佐藤千恵

編集協力：小芝俊亮（小道舎）

企画協力：株式会社オープンマインド

手にとるようにわかる

デジタル
マーケティング
入門

Chapter 1

デジタル マーケティングの 「定義」と「実態」

　本章の目的は 2 つです。**1 つ目は「デジタル技術の進化」に翻弄されて脳停止しない「体質」をつくること。2 つ目は「デジタル技術」を活用し、恩恵を享受するための「基礎」を習得していただくことです。**

　そのために、まずはデジタルマーケティングの全体構造を理解し、企業がどのように向き合うべきか？ を理解する必要があります。

　私が言うのもなんですが、この業界には、無意識に専門用語や横文字を使う人が多いのですが、本質や実態は、すごくシンプルです。

　あまり身構えずに読み進めていきましょう！

01 デジタルマーケティングとは？

◉ マーケティングとは？

　デジタルマーケティングの前に、マーケティングの定義を共通化しましょう。近代マーケティングの父と呼ばれているフィリップ・コト

ラーは「マーケティングとは、顧客のニーズに応えて利益をあげること」と定義しています。

そのためには、

1）市場のセグメント（仕分け）化を行い

2）ターゲットを絞り

3）競争戦略における優位性を確立すること

以上の3つが大切だと述べています。

つまり、**「マーケティング」とは、自社（あるいは自社の商品やサービス）の価値を理解してもらえる顧客と出会い、関係を強化・維持すること**だといえます。デジタル・アナログを問わず、この本質は変わりません。

◉ デジタルマーケティングの範囲・対象

では、デジタルマーケティングは、どのように定義づけることができるのでしょうか？

- EC サイトを立ち上げ、商品・サービスの販売を Web 上で展開する
- 顧客データを電子化して、メールや SNS、Web アプリを介してコミュニケーションを実施する
- 全国展開する企業が、天気情報、店頭前の人通りなどをリアルタイムで分析して、Web サービスを用いて顧客をリアル店舗に集客する

これらは全て「デジタルマーケティング」に含まれますが、本書では、デジタルマーケティングとは、文字通り「マーケティング」を「デジタル化」した「コト・支援サービス・概念」の総称と設定したいと思います。

マーケティング施策という観点を含めて、もう少し掘り下げて考えてみます。

具体的には、

- 顧客との「出会い方」
- 顧客への価値の「伝え方」
- 顧客との「関係強化」の方法
- 顧客との関係「改善」に関する全施策

　このような活動の手段がデジタル化されたのが「デジタルマーケティング」なのです。非常にシンプルですね。

　認識している方も多いと思いますが、近年は私たちを取り巻く「デバイス（パソコン、タブレット、スマートフォン）」や「メディア」がデジタル化されたことにより、Web サイトやアプリなどに接触したユーザーの「行動履歴」は全てデータ化されています。

　そして、プライバシー保護の観点から賛否両論があるため今後の動向はわかりませんが、このデータ化により様々な分析が可能になりました。

【 デジタルマーケティングとは? 】

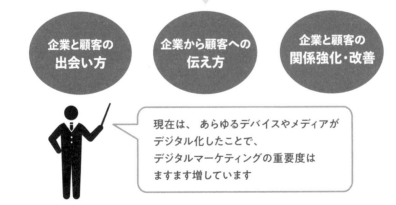

また、テクノロジーの進化は【過去・現在】の分析にとどまらず、蓄積されたデータを傾向化・法則化して【予測】に活用し、顧客への提案や案内などの【アクション】にまで発展させ、さらに正解・不正解を確認し学習までやってくれる。このような動きが、現在の「デジタルマーケティング」の根幹といえます。

02 企業はどのように向き合うべきか？

◎ 本質的には「完全に新しい概念」は少ない

少し前ですが、BtoB の業界では、「リードナーチャリング」という言葉を頻繁に目にすることがありました。記憶にある人も多いのではないでしょうか？ 翻訳すると「リード」はマーケティング上の「見込み顧客」、そして「ナーチャリング」は「育成」なので、「リードナーチャリング」は「見込み顧客の育成」ということになります。

ここで、ひとつ考えてみましょう。

集めた見込み顧客をデータ化し、育てるといった一連の流れや対応をデジタル化するのは、新しいことと感じる方もいるかもしれませんが、要は「メールマーケティング」全盛期に、どの企業でも実践していた「見込み顧客のメールアドレスを取得して、メールマーケティングを実施しよう！」という概念と大きく変わりません。

テクノロジーの進化や時代背景により、手法がメール以外にも追加されていますが、さほど大きな違いはないのです。

このように、**デジタルマーケティングで使用される言葉やツールは、昔から使われてきた「コト」に、ちょっとプラスされた「置き換え」が少なくありません。**

何をお伝えしたいのかというと、**「難しく考えないでください」**ということです（笑）。

そのためにも、2つの心得をお伝えしたいと思います。

◎ 2つの心得

① 脳停止しない

専門用語や英語が登場した瞬間に「脳停止」しないことが大切です。

脳を上手に騙すと、人の行動が変わるということは科学的にも証明されています。「脳停止」状態にプラスとなる要素はありません。

まずは、ググってみたり[※1]、詳しい人に聞いてみたりして、**概要だけでも、知ろうとする習慣を身につけましょう。**

※1 ググる：Google 検索を用いて、調べたり、探したりする行為。

② ザワザワしない

流行りのサービスや手法といった「他社事例」にザワザワしないことです。

マーケティングの世界では成功事例だけが一人歩きする傾向がありますが、事例には付帯条件や固有の背景が必ず存在します。

サービスの概要と特徴を理解した上で「この事例がうちの会社に当

【 デジタルマーケティングを行う際の「2つの心得」】

専門用語が
わからない！

① 脳停止しない
専門用語や英語が出てきても焦って脳停止したりせず、まずは知ろうとする習慣を身につけましょう

流行って
いるから
うちも
やらないと

② ザワザワしない
流行や他社の事例などに惑わされることなく、客観的かつ冷静に自社の状況を見つめ、分析しましょう

てはまるか？」と、自社に都合の良い共通点ばかり探すのではなく、**「自社に当てはまらない要素は何か？」という**観点を持ち、**質問を投げかける**ことが大事です。こうした自問自答や会話を重ねるうちに「ザワザワ」は消え、冷静に正しい情報処理ができるようになります。

03 デジタルマーケティングの役割

◎ 具体的には、どのような役割を担うのか？

　デジタルマーケティングの役割とは、簡単に言うと、マーケティング活動における企業の「アクション」と対象顧客の「リアクション」の『データ化』、およびその『分析』です。そして、蓄積されたデータを基に企業のマーケティング活動に関与する業務支援の全般となります。

【 デジタルマーケティングの役割 】

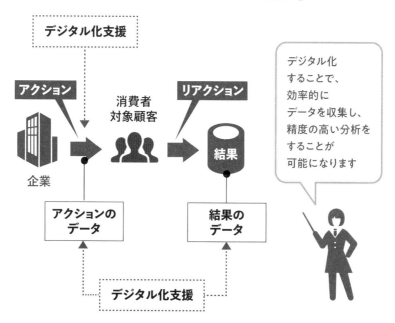

そして、企業のマーケティング活動の『支援』を担う様々なサービスやツールは、導入企業の「売上・利益を伸ばす」or「業務効率の改善」が課題となります。

つまり、「**収入増**」と「**支出減**」（時間削減）をデジタルの力で強化することが、求められる【**効果**】となります。

◎ **デジタルマーケティングが担う3つの役割**

デジタルマーケティングが担う役割は企業によって様々ですが、どの分野で、どのようなサービスを採用したとしても、事業成長に直結する領域で考えた場合、次の３つの役割を担います。

１）マーケティング活動の数値化

デジタルマーケティング活動の結果は全て数値化されます。数値化されないサービスやツール等は、デジタルマーケティングとはいえません。

２）PDCA サイクルの高速化

全てが数値化されるため、検証や仮説など、いわゆる PDCA サイクルを高速で運用することが可能になります。

３）テストマーケティングの容易化

テストマーケティングを低コスト・短期間で容易に実行できるようになります。

さて、次のテーマからは、用語解説や具体的なサービスの選択方法などに進みます。

本書は、事業成長につながるデジタルマーケティングの「在り方」、そして「マネジメント力」「実践力」の基礎構築と強化を重視していますが、専門用語などで「脳停止」をしないために、次のテーマ「デジタルマーケティング MAP」を用意しました。

すでに知っているという方は、読み飛ばしていただいても構いませんし、覚える必要もありません。みなさんの、デジタルマーケティングに関する知識や経験に応じて、選択しながら読み進めてみてください。

04 デジタルマーケティング「MAP」

◉ 人気ワードを追いかける必要はない

　下の図「デジタルマーケティングMAP」にデジタルマーケティングに関連する主な用語をまとめましたが、全てを理解する必要はありません。また、これから生まれるであろう「新しい用語」や「技術」も、周囲が騒いでいたとしても、すぐに追いかける必要はありません。むしろ少し遅れるくらいのほうがちょうど良いくらいです。

　デジタルマーケティングの世界には「Second Life（セカンドライフ）」のように（聞いたことがない人もいると思いますが）、一時的なブームとなったトレンドワードなど、「静かに消えていった」ワードやサービス、概念などが星の数ほどあります。

【 デジタルマーケティング MAP 】

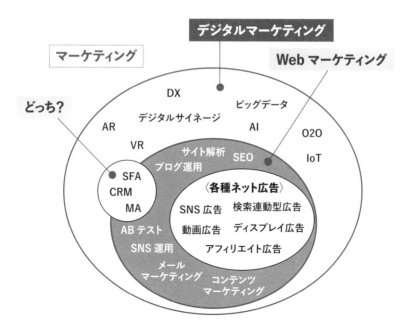

「取り残されたくない……」と焦る気持ちはわかりますが、**「新しいもの」**に振り回されて大切な「時間」や「お金」を浪費するのはやめましょう。

⬛ **「魔法の杖」を求めようとせず、自社の「課題」を正確に把握する**

先ほどの MAP には、売上・利益を 10 倍、100 倍にしてくれるような「魔法の杖」となるものは書かれていません。全てを導入したとしてもマーケティングが成功するとは限りません。ただし、成功率を高める上で、デジタルマーケティングに取り組む際は、**マーケティング活動における自社の課題を「正確」に把握しておくこと**が必要不可欠です。

なぜなら、自社の課題を正確に把握していないと、新しいサービスやツールの「機能」や「特徴」に飛びついて、安易に自社の課題や状況に当てはめようとする悪い思考に陥るからです。

私は、大成功した事例に触れた瞬間、多くの企業が「この事例、自社にも適合するはずだ」と引き込まれてしまうケースを幾度となく見てきました。

新しいサービスに触れ、自社を考えるキッカケにすることは、とても良い機会になりますが、冷静に検討できず、導入ありきの「課題探し」になってしまっては元も子もありません。

自社の課題を「事前に正確」に把握しておくことで、正しいサービス選択が可能となり、無駄な投資を回避することができるのです。

デジタルマーケティングという言葉が使われはじめたころ、「Webマーケティングと何が違うの？」という質問をよくいただきましたが、今日では「Web マーケティングはデジタルマーケティングに属する」というのが定説です。

デジタルマーケティングの全ての要素を網羅することはボリューム的に不可能ですが、主な用語やサービスを 1 つの図にまとめてみましたので（前ページ）、参考にしてみてください。

05 「最適な選択」をするための〈土壌〉

◉ **自社のマーケティング活動において「何をすべきか?」**

自社の課題を「正確」に把握することの重要性はお伝えしたとおりですが、もし「課題を整理できない」という場合は、「何をすべきか?」から考えることをお勧めします。

課題が不明確な状態でも、何をすべきか? を整理することで、事業成長に効果的なツールやサービスの導入を実現することができるからです。

例えば、「何をすべきか?」を整理するためには、「**誰に**」「**何を**」「**いつ、どこで**」「**どうやって**」という4つの要素を考えます。

これらを正しく整理することにより、自社が「できていないこと」、つまり「課題に近い要素」が浮かび上がってきます。

下の表は、30～40代の女性向けアパレルECサイトの「集客」を例に、この4つの要素を簡単に整理したものです。

【「何をすべきか?」を整理するための4つの要素】

目的	集客
誰（に）	30～40代女性
何（を）	・ブランドの世界観 ・ブランド名の認知
いつ、どこで	・通勤時間と夜 ・週末
どうやって	Instagramの…… ・自社アカウント発信 ・インフルエンサー発信 ・広告

「4つの要素」を考える時は、時間をかけて正解を絞り出すのではなく、思いつくままたくさん書き出して、不要なものはあとから削るというやり方がお勧め

このように4つの要素に当てはめて考えてみると、「集客」という
テーマだけでも、自社が調査すべき要素が明確になり、思考や行動が
発展し、課題が整理されていきます。

次に、マーケティング業務を支援してくれるツールやサービスを選
択するケースを考えてみます。

◉ **ツールやサービスの選定時に不可欠な「2つの判断軸」は?**

ツールやサービスの選定に失敗しないためには、「**できる・できない**」
「**必要性・有効性**」という2つの軸を意識することが大切です。

❶ **できる・できない**

まずは「**できる・できない**」について、具体的な例で解説しましょう。

例えば、皆さんの会社で「MAツール」[※1]の導入を検討している
とします。その場合、同ツールの活用にあたり、次の要素が自社で

【 ツール・サービス選定時に不可欠な「2つの判断軸」】 = できる・できない

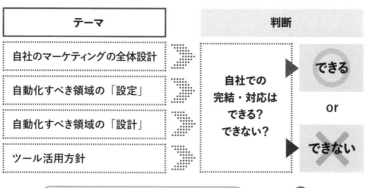

「できるのか？」「できないのか？」を検討する必要があります。

※1 MAツール：マーケティング・オートメーションツール。顧客とのコミュニケーショ
　　ンを特性や趣味・嗜好に合わせて細分化・精密に自動化するツール。

- 自社のマーケティングの全体設計
- 自動化すべき領域の「設定」と「設計」
- ツール活用方針

　自社で「できない」場合は、外部への委託費用が発生します。一方、仮に自社内で「できる」場合も、人・時間が必要です。

　いずれにしても導入コストは発生します。外部委託も社内対応も「できない」という状況であるにもかかわらず、「導入ありき」で進行してしまっては、どこかに負荷が生じて、成果どころの話ではなくなってしまいます。

　それなのに「詳しくわからないけど、何となく良さそう」という勢いだけで、導入を進める企業が多いというのが実情です。

　ツールやサービスの価値だけではなく、導入と運用に関する投資や体制が「できるのか？」「これまでの経験を活かせるか？」なども、十分に吟味するよう心がけましょう。

❷ **必要性・有効性**

「03 デジタルマーケティングの役割」（21ページ）でも解説したように、デジタルマーケティングの導入効果は「収入増」と、時間を含めた「支出削減」です。マーケティング現場の言葉に変換すると「売上UP」と「業務の効率化」となり、以下が判定基準となります。

- **売上 UP の場合**
  　ツール・サービスの利用料 ＋ （社内外）導入・運用費
  　vs　導入後の売上増

> ● 業務の効率化の場合
> 　対象業務のもともとの時間・コスト ＋（社内外）導入・運用費
> **vs**　導入後の削減時間・費用

　選定時に大切なのは、**他社の成功事例が「自社に 100% 適合することはない」という観点を忘れないこと**です。

　自社で【できる・できない】と、自社にとっての【必要性・有効性】、この 2 つの軸を意識して、客観的かつ冷静に判断することが重要です。

【 ツール・サービス選定時に不可欠な「2つの判断軸」】 = 必要性・有効性

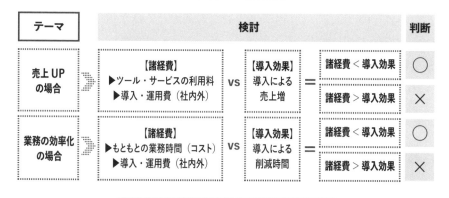

「他社ではどうなのか?」ではなく、
「自社にとってどうか?」を冷静に考えましょう

06 具体的に検討してみる

◎「課題」を考えることからスタート

　前節で選定時の「自社の課題理解の重要性」を共有しましたが、簡単な問題を準備しましたので、ここで一度、練習をしてみましょう。

　以下に、様々な業界・状態の企業5社の「ボヤキ」を準備しました。
各社は「何が課題」で「何から着手」すべきか？
どのような切り口でも構いませんので、少し考えてみてください。

A社

> そういえば、うちのECサイトのお客さんのうち、何割の人がリピートしてくれているのだろう？

B社

> うちのお店（リアル店舗）の前は、毎日300人くらいの人が通っているけど、そのうち10人しかお店に入ってくれない……

C社

> うちのECサイトは、1日500人訪問で10人の受注しかない。
> 目標達成には1日1,000人訪問で20人の受注が必要なんだよな

D社

> うちのサイトって、月に訪問者50万人でも、資料請求が100件しかない。最低5,000件の資料請求が必要なんだよな

E社

> ネット広告の投資効果が、時間の経過と共に悪化していく……。
> データはあるけど、何から着手したらいいのだろう？

以下は、前ページの5つの「ボヤキ」に対する回答案です。あくまでも参考としてご確認ください。

●A社
そういえば、うちのECサイトのお客さんのうち、何割の人がリピートしてくれているのだろう？

〖課題〗リピート率をすぐに確認できない状態。

〖着手〗ECサイトであれば、受注データを集計すれば計算可能です。集計機能が搭載されていなくても、メールアドレスや顧客IDなどをキーに、集計できるため、リピート率の算出は可能ですね。
リアル店舗で顧客や受注情報がデータ化されていなければ「データ化」から着手する必要があります。

●B社
うちのお店（リアル店舗）の前は、毎日300人くらいの人が通っているけど、そのうち10人しかお店に入ってくれない……

〖課題〗店前からの来店率3.33％（10÷300）の改善。店前以外の集客力の強化も追加課題。

〖着手〗店前の通行人の来店率を上げるために、POPや看板を検討する。
目標の設定と目標達成に必要な施策も検討する。

●C社
うちのECサイトは、1日500人訪問で10人の受注しかない。目標達成には1日1,000人訪問で20人の受注が必要なんだよな

〖課題〗購入率2％（10÷500）の状態を維持して、1,000人を集客する。

〖着手〗購入率を維持した集客が可能か？ 集客計画を検討する。

◉D社

うちのサイトって、月に訪問者 50 万人でも、資料請求が 100 件しかない。最低 5,000 件の資料請求が必要なんだよな

〚課題〛資料請求率 0.02％（100 ÷ 500,000）を、50 倍の 1％にするために、集客の「質」または「サイト上の伝え方」の改善策が最優先課題。

〚着手〛集客の質の調査と同時に、サイトの伝え方を再考する。
集客数を 50 倍にするという考え方もありますが、コストと時間との兼ね合いで判断する。

◉E社

ネット広告の投資効果が、時間経過と共に悪化していく……。データはあるけど、何から着手したらいいのだろう？

〚課題〛データが活かせる状態になっていない。

〚着手〛課題がわかるデータフォーマットへ変更する。その他は以下。

- 競合サイトの存在もあることから、想定課題を全て整理した上で、自社でコントロールできる施策を判断する。
- 特定媒体が悪化しているのか？ 全体か？ 悪化の核を整理する。
- 新規とリピートの獲得悪化の要因を分析する。
- 広告レポートの購入 CV[※] と実受注の乖離が大きすぎるなら、広告運用のあり方も検討する。
- 1 人あたりの集客コストが悪化していれば、下げる施策を検討。
- 購入率が悪化しているのであれば、サイト内での伝え方を再考する。
- 製品やサービスに競争力がないのであれば、刷新する。

※ CV：conversion（コンバージョン）の略。直訳すると変換・転換。マーケティング上、サイト訪問者が購入者、資料請求者へと変換するという意味で CV という。

いかがでしたでしょうか？

【売上】を構成する要素は全て掛け算です。

〚課題〛は必ず、掛け算を構成する要素の「いずれか」に属します。

　そして、**その「課題」は『数値の変化』というサインを出してくれます**。数値化が未実施であれば、まずは「数値化」から着手しましょう。

　詳しくは『戦略』の章で解説しますが、解説したとおり、具体的な課題と数値をセットで導き出すことができれば、自社の事業成長に必要なツール・サービスを、冷静に検討できるようになります。

【 具体的に検討してみる 】

32 ～ 33 ページの表では、
主な「概念・用語」および「概要・用語解説」の右側に、
「選択可否の軸」＝必要性・有効性の判断の観点を記載しています

	概念・用語	概要・用語解説	選択可否の軸
デジタルマーケティング	DX	デジタルトランスフォーメーションの略。直訳すると「デジタルによる変容」となり、デジタル技術を駆使して、生活やビジネスが広範囲で変容する・変容させること。	特にコレ、といったものはなく、広い意味を持つ概念なので導入・選択の必要はない。ただし、企業活動におけるデジタル化は常に考えておく必要はある。
	ビッグデータ	一般的なデータ管理ツール、ソフトでは解析・分析などが困難な膨大かつ複雑なデータの集合のこと。	ビッグデータを保有する企業は、それらを解析する必要性・有効性の判断。多くの企業は保有していないことが多い。原則、用語理解で問題ない。
	AI	Artificial intelligence の略。直訳すると「人工知能」。過去・現在のビッグデータから傾向を導いて予測し、結果からさらに各精度を高める。	ビッグデータの解析結果が有効的であった後、AI 投資の「判断」。AI に活用するデータは「量」と「質」が大切なため、保有企業は限られており、収集方法から再検討する場合が多い。
	AR・VR	AR＝拡張現実（現実世界〈例えば部屋〉に、別の情報〈購入検討の家具〉などを追加して表現・確認する）。 VR＝仮想現実（現実のような仮想世界に入って確認・体験する）。	AR：Web ページやカタログでは、検討顧客の導入後イメージをサポートする価値に対する「判断」。 VR：疑似体験を提供することによって得られる価値の「判断」。
	デジタルサイネージ	店頭・交通機関・屋外などあらゆる場所で、ディスプレイやモニターなどの電子機器を介して発信するメディアの総称。	店頭前の採用ならば通行人数などを考慮して来店率の変化貢献に関する「判断」。その他、媒体出稿に関する「判断」が主となる。
	IoT	Internet of Things の略。直訳すると「モノのインターネット」となり、ネットを活用して遠隔地からモノの状態を確認したり、モノ同士がデータをやり取りすること。	位置情報、在庫・状態（健康、設備、作物など）など、遠隔地からの管理やデータ連携などに関する「判断」。
	O2O	Online to Offline の略。ネット（例：EC）とリアル（例：お店）のいずれかの施策で、どちらかに行動や購買意欲を促す施策のこと。	代表例は、一般的になってきたポイントや購入＆来店履歴の共通化など。投資効果という点では、オンライン・オフラインいずれかの顧客数と利便性が「判断」の軸。

	概念・用語	概要・用語解説	選択可否の軸
どっち？	MA	Marketing Automation の略。文字通りマーケティング活動の自動化、または Web を用いて自動化を支援するツールのことを指す。見込み顧客を購入へ、購入顧客をリピートへ、といった対象者の状態や興味・関心に合わせたコミュニケーションの自動化のこと。	自動化すべきマーケティングの設計、タスク、導入目的などが明確に設定された上での「判断」。※他の章で少し触れます。
	CRM	Customer Relationship Management の略。直訳すると「顧客との関係性管理」。顧客情報や対応などの履歴を集約し、顧客ごとに適切なコミュニケーションを取り、関係を強化することまでを指して使われる。	一度顧客が購入・契約したら、どれくらい再購入してくれるのか？といった LTV 管理や購入回数など既存顧客との関係確認の作業は EXCEL で十分可能。この一歩目ができていない企業が多い。自身でやった後に「判断」が良い。※他の章で少し触れます。
	SFA	Sales Force Automation の略。日本では営業支援システムと解釈される。対象顧客が法人という企業を中心に利用される。営業活動上の管理項目を設定し、営業担当が日々の活動を残すことで次のアクションに繋げて成約率を高める一連のシステムのこと。	一元管理・共有すべき項目、導入目的などが明確に設定された上での「判断」。

	概念・用語	概要・用語解説	選択可否の軸
Webマーケティング	SEO	Search Engine Optimization の略。Google などの検索エンジンにて特定ワードを入力した結果、画面で自社サイトを表示させる、または高い評価を得るための施策（広告表示領域を除く）。	ワードごとに月間検索回数の事前把握が可能なため、表示される位置（順位）と予測される集客数、コストによって「判断」。
	ブログ（運用）	Weblog の略。自社の考え・意見・知識などの情報を記録、公開するサイト。	構築は無料提供サイトを利用するか、オリジナル性を重視して自社で構築するかの「判断」。構築後は、更新回数と効果の「判断」。
	SNS（運用）	Social Networking Service の略。Web 上で、登録者同士が特定の趣味をテーマに集まったり、意見をしたり、繋がりを提供するコミュニティサービスの総称。	短期的な収益での「判断」では実行という決断は難しいのが実態。顧客と直接つながる機会、顧客の情報入手の一つという観点からの「判断」が必要。
	各種ネット広告	検索連動広告（リスティング）やネットワーク配信型、SNS 広告、データフィード広告、動画広告、アフィリエイト広告など。クリック、表示、購入時に料金が発生する他、固定費も必要。	原則、前例があるため予測数値で初回の投資「判断」。継続は、事業の成長につながったのか？で「判断」する。※他の章で詳しく解説します。
	AB テスト	バナー、サイト、広告文など、伝えたいことが「伝わる」ために、写真やコピーなど最適化のために行う様々なテストの総称。	実施するための投資コストと改善による成果（受注数・売上額）のバランスを考慮して「判断」する。現状の数値次第で効果は大きく異なる。※他の章で詳しく解説します。
	コンテンツマーケティング	価値あるコンテンツを制作・公開し、見込み顧客を集めて購買に導き、安心感や満足感を充足するなどして優良顧客・ファン層へ育成し、定着を目指すコミュニケーション方法の一つ。	初期とランニング共に、コストと成果のバランスを考慮して「判断」。よほどリッチな内容でなければ、コンテンツ単体での集客は計算し難いのも現実。集客後であれば活用機会は少なくない。
	メールマーケティング	E メールを用いた顧客とのコミュニケーション方法。一斉配信や自動配信、顧客の状況に応じたメール配信など MA の一部を担うケースも増えている。	メール作成＆配信コストと成果のバランスを考慮して「判断」。プッシュで情報発信できる点は記憶から消滅するのを防ぐ役目も含め「判断」する。
	アクセス・サイト解析	サイト訪問者の行動履歴を、ツールを用いて分析すること（例：Google アナリティクス）。PV・セッション数・コンバージョン数・離脱など を複数観点から分析することで客観的・定量的に課題を整理し、改善に繋げる。	訪問数が少ないサイトは得られるものがない（または非常に少ない）ので、新たな施策を実施しない限り不要。一定規模のサイトはコストを考慮して「判断」。毎回ゼロから解析せず、分析項目を定点化した上で、コスト削減を図り、「判断」するのもあり。

《事例》 数年間で、会員数 100 万人規模まで成長させた EC 事業責任者の判断

「この間、A 社から MA ツールの提案を受けたのね。『内容は理解できたけど、これ誰がやるの？』って、質問したらさぁ『御社です！勉強会は●●万円で開催します！』って普通に言うワケ。『んなもん（リソース的に）できるわけねぇだろ！』って言ってやったのよ（笑）。だから今はやめてるの！」

この会話、実話です。発信者は、見出しの通りの実績を作られた方ですが、もともとは EC どころか IT もマーケティングも未経験の状態からスタートされました。

立ち上げ時に少しだけご縁をいただき、数年後に再会して、ご支援の機会をスタートした時には、EC 事業 10 年選手と変わらない経験をされていました。

良い意味でブルドーザーのような方で（笑）、大小関係なく全てのテーマに対して、常に明確な判断軸を持たれていて、**全くブレません。**

自社の課題をしっかりと把握し、ツールの導入ありきではなく、自社でできる・できない、必要か？ 有効か？ を、明確に正しく判断できることが「成果」を引き寄せるという典型的な例です。

皆さんも、周りに振り回されず、明確な判断軸を持って、デジタルマーケティングと向き合っていきましょう！

進化する Webマーケティング

　本章のテーマは、デジタルマーケティングを事業成長につなげるためには避けて通れない「Web マーケティング」です。

　デジタル技術の進歩と共に進化し続ける Web マーケティングにおける、「AI」や「データの価値」、「人が担う領域」などの観点から Web マーケティングの概要ついて、一緒に学んでいきましょう。

01 デジタル技術の進歩と 「Webマーケティング」の飛躍

▣「**Web マーケティング**」が劇的に変革した2つの要素

　私がネットベンチャー企業に勤めていた 2000 年頃には、SEO[※1] やバナー広告といった現在も利用されている用語や手法はすでに存在しており、2、3 年後には検索連動型広告やブログなどが日本でも利用されるようになりました。

　電子書籍事業を任せてもらった 2003 年には、Web 解析ソフトを

確認しながら SEO なども実施しており、Web マーケティングの手法そのものは今とそれほど変わっていません。その一方で、当時と比べて劇的に進化したものの 1 つが「ネット広告のターゲティング」です。簡単に表現すると「最適な人に最適な広告を発信する」技術のことです。

　この技術の実現を可能にした要因は……

① 膨大なデータを最大限に活かせるようになった
　（技術的にはわかりませんが、データ管理方法などの分野で目覚ましい発展があったと思われます）
② そのデータを活かしてくれる「AI・機械学習」[※2] の登場

　この 2 つにより、ネット広告の配信精度（広告の成果を得やすい配信）は、目覚ましい発展を遂げました。

※1　SEO：Search Engine Optimization の略。検索エンジン最適化。検索エンジンで検索されたワードに連動して、広告以外の領域において、サイトが上位に表示されるように最適化を行うこと。
※2　機械学習：大量データから規則性・法則性を見つけ出し、予測や判断を行う。ただし、完全自動ではなく、人が「正解はこれ」「この指標を重視して」といった「人」による指定・指示が必要。指定（指示）された正解探しを自動で追求してくれる。

◎ AI を駆使した「ネット広告」の事例

　弊社の専門は EC・Web マーケティングであって、AI は専門外なのですが、仕事上、AI は切っても切れない存在です。

　そこで、本書で使われる「AI」の定義を簡単に共有してから、ネット広告の事例を共有していきましょう。

　現在、「AI」という言葉はかなり幅広い意味で使用されていますが、厳密には「機械学習」や「ディープラーニング」[※3] などといった、いくつかの階層や棲み分けがあります。

　本書で「AI」と言う場合は、人に指定された正解を導くために、

機械が自動で「規則性・法則性」を発見する技術を主に指します。

　一般的には「機械学習」と呼ばれていますが、Google をはじめとするネット広告媒体は、この機械学習を駆使して広告の精度を高めることに成功しています。

※3 ディープラーニング：機械学習は人による指定・指示が必要ですが、ディープラーニングは不要で、人間の脳の思考回路のように、自ら考えて答えを導き、判断し、学習します。

【 AI・機械学習・深層学習の関係 】

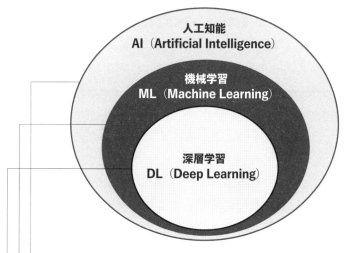

● 人間の思考プロセスと同じような形で情報処理を行うプログラム全般

● AI のうち、 人間の 「学習」 に相当する部分をコンピューターで実現する技術
（入力されたデータを分析して規則性や法則を抽出し、 識別や予測を行う）

● ML のうち、 人間の脳神経回路を模したニュートラルネットワークを用いた技術
（人間が直接関与することなく自動的に学び、 データ内から特徴を見つけ出す）

※総務省 HP「AI に関する基本的な仕組み」を元に作成

　それでは、この AI・機械学習を用いて、現在はどのようなネット広告配信が行われているのか、具体例を見ていきましょう。

例えば、ある「釣具用品のECサイト」が初めてGoogle広告に出稿したとします。

❶ 期待を若干下回るものの、初日20件の注文（CV）が入りました。
❷ Googleは正解である「20件の注文者」の行動パターンや規則性を考えます。
❸ Googleが大量に保有するデータから「釣りに興味があるのは、この人たちだ！」という予測をして広告を配信します。
❹ また、広告配信における成果も指定することができ「CV数を増やす」や「1人あたりの獲得費を3,000円まで」といった目的に応じた設定も可能です。
❺ これらの結果を、さらに学習して配信精度を高めていきます。

　技術革新によってWebマーケティングは飛躍的な発展を遂げ、こうしたことをほぼ自動で行うことができるようになったのです。
　そして私たちは、この仕組みを容易に利用することができます。

《事例》類似データを参考に貢献してくれる（時もある）
　前述のものがさらに発展したモデルをご紹介します。
　例えば、ある製品を販売しているサイトがあったとして、最終的なCVは「購入」になりますが、その他にも「資料請求」や「問い合わせ」など、購入に関係しそうな『行動』があるとします。
　このような場合、購入に関係しそうな行動を「マイクロCV」として設定することで、Googleにヒントを与えることが可能です。
　ヒントというのは、「マイクロCVユーザー＝最終的なCV『購入者』の類似ユーザー」という指定をすることによって、Googleをはじめとする各種広告の購入者のデータ量が少ない場合でも、マイクロCVのデータが補完してくれるのです。

【 マイクロ CV のイメージ図 】

サイト訪問者 　サイト　 資料請求

購入者（完璧）ではない
類似ユーザーに配信

サイト　 購入

最終 CV に至るまでの各段階に設定する中間 CV のことを
「マイクロ CV」と言います

「資料請求者は、もしかしたら購入に近いユーザーかも？」と人が推測し、マイクロ CV を「資料請求者」と設定することで、Google の AI・機械学習によって「資料請求者」の類似ユーザーを探して配信してくれます。

　そして、その中から購入者が生まれれば、さらに広げるなどして最適化に必要なデータとして蓄積されます（マイクロ CV ユーザーが購入に至らなかった場合は効率が悪化するため、人による停止判断が必要）。

　弊社が手掛けた案件でも、立ち上げたばかりの EC サイトの広告運用で「購入者」の類似ユーザーに配信して、「最適化をよろしく！」という設定をしたところ、あまり CV が増えず機械学習が進まなかったことがありました。

そこで、

・「会員登録」「カートに商品追加」をマイクロ CV に設定

・マイクロ CV の CPA^(※1)を 500 円に設定

→マイクロ CV との類似ユーザーへの配信・最適化よろしく！

　と設定したところ、

・CV 数が増加、CVR^(※2)改善、ROAS^(※3)も大幅改善

となった事例がありました。

※ 1　CPA：Cost Per Action の略。1 件の注文以外の成果獲得（例：資料請求、メール
　　　アドレス）に発生した費用。広告費÷成果＝ CPA
※ 2　CVR：Conversion Rate の略。特定のページ・サイト訪問数のうち、何％の人が
　　　CV に至ったか？ の割合を示す。CV 数÷訪問者数＝ CVR
※ 3　ROAS：Return On Advertising Spend の略。投資に対する売上額を表す指標。
　　　100 万円の投資に対して売上 500 万円であれば ROAS 500％となる。

【「会員登録」「カートに商品追加」をマイクロ CV に設定 】

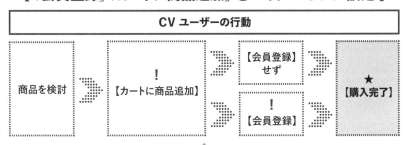

　人による「マイクロ CV」の指定、つまり、購入に近い（と思われ
る）サイト訪問者のアクション（新しい観点）を AI へ指示したこと
が可能性を広げた点が、ここでの重要ポイントです。

　つまり、どんなに素晴らしい仕組みでも「使い手」、すなわち「人」
の能力が問われるということです。

なお、事例でも登場していましたが、以下によく利用される指標をご紹介します。詳細については「指標」の章で詳しく説明します。

【 デジタルマーケティングでよく利用される指標 】

用語	呼び方	目的	解説
CPA	シーピーエー	・集客の指標	Cost Per Action の略。注文以外の成果獲得（例：資料請求、メールアドレス）1件に要した費用。広告費÷成果＝CPA。
CPO	シーピーオー	・集客の指標	Cost Per Order の略。1件の注文を得るために発生した費用。広告費÷注文数＝CPO。
LTV	エルティブイ	・集客の指標 ・リピート	Life Time Value の略。顧客生涯価値。初回の製品購入から、生涯を通じて自社にいくら売上・利益をもたらしてくれたかを表す指標。一般的には「1年間の LTV」などと期限を切って集計する。
ROAS	ロアス	・集客の指標 ・リピート	Return On Advertising Spend の略。投資に対する売上額を表す指標。100万円の投資に対して売上500万円であればROAS 500%となる。売上÷広告費×100（%）。
ROI	アールオーアイ	・集客の指標 ・成約の指標	Return On Investment の略。＝利益額÷広告費×100（%）。
CVR	シーブイアール	・集客の指標 ・成約の指標	Conversion Rate の略。特定のページ・サイト訪問者数のうち、何%の人が CV に至ったか？の割合を示す。CV 数÷訪問者数×100（%）＝CVR。

※読み進める際の参照用として、同じ図表を巻末にも掲載しています。

02 データがあれば、何でも解決してくれるのか？

　前のテーマでは「AI・機械学習」の優れた点と共に、「使い手」の能力が求められるということを共有しました。そして、その背景には、膨大なデータの「量」と「質」があってこそ、成果が創出されるということもご理解いただけたかと思います。

　そして次のテーマでは、デジタルマーケティングを事業成長に活かすためには"条件"が求められる、という認識を一緒につくっていきたいと考えています。

◉「知らない未来」を映している"よう"に見えるが……

　先ほどのマイクロ CV の例は、ネット広告において「正解」データの観点を増やすことによって得られた好例でした。

今の時代は、マーケティングデータがあれば、規則性などを見つけ出すことは比較的容易になっています。

　では、さっそく自社に置き換えて考えてみましょう。
　自社内に蓄積されたマーケティングデータから、事業成長につながる未来が開けるでしょうか？
　「そうなの⁉」と思われるかもしれませんが、実のところ多くの企業では、期待値を下回る結果が待っています。
　一念発起してAIでデータ分析を行ってみても、熟練マーケターにとっては「うん、やっぱりそうか」という確認程度に終わるケースがよくあります（確認ができたことは、それはそれで大切ですが）。
　一度も分析を行ったことがない状態であれば「へー！」という気づきはありますが、それでも「ごくわずかな気づき」という結果になることが少なくありません。
　その理由は3つです。
1）多くの企業が保有する、自社のデジタル・Webマーケティングデータは「量」が少なく「質」が低い。
2）決まったことにしか取り組んでいない場合、データから得られる気づきが少ない。
3）AIが導き出した「傾向」「法則」が、実は自分の知っていることだった。
　つまり、一念発起して分析を行っても、目新しい気づきが少ない**「すでに知っていること」**という結論に至ることが多いのです。
　IT企業を代表する巨人「Google」は、全世界の**膨大なネットユーザーの行動履歴データを所持しています**。ほとんどの企業は入手することも、アクセスすることもできない、膨大なデータの量と質を保持していることが、Googleという企業の途方もない資産価値であり、それらを活用した広告ビジネスが莫大な利益を生んでいることは周知のとおりです。

　膨大なデータから導き出される答えは、時として「知らない未来を映してくれている」ように感じることもありますが、Googleであっても、あくまでも「過去のデータ」から推測しているだけのため、前例のない新しい予測をしてくれるわけではない、ということを私たち事業主は忘れてはいけません。

◎ AIには「得手不得手がある」

　いろいろな場面で専門家の方々も述べているように、「人」と同じような思考回路（厳密には脳の神経回路）を持つAIの実用化はまだ難しいそうです。

　少し脱線しますが、Googleフォトというアプリをご存じでしょうか？ このアプリで少し遊んでみると、AIがまだ発展途上であることがよくわかります。

　時間のある方はやってみてほしいのですが、私が実際にGoogleフォト内を検索した結果と仮説を共有したいと思います。

《 事例1 》「サッカー」と検索

　結果：野球のトレーニング中の写真（44ページ図参照）

　事実：サッカー関係は一枚もない

　仮説：足元にボールがある写真をサッカーと認識

《 事例2 》「サッカー」と検索

　結果：野球チームの整列した記念写真（44ページ図参照）

　事実：サッカー関係は一枚もない

　仮説：試合前のサッカー選手の整列場面と認識

《 事例3 》「野球」と検索

　結果：打撃の写真

　事実：正しいが他にも候補写真は多数ある

　仮説：不明

《事例1》の検索結果

《事例2》の検索結果

　このような結果となりました。「検索機能」の下には、以下のような「Google フォトの改善に協力する」というボタンがあり、クリックすると画像や動画に対する質問が出るので、2択で回答をします。

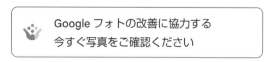

Google フォトの改善に協力する
今すぐ写真をご確認ください

▶ バッティング練習の動画に対して
「鳥はこの動画の主なトピックの1つですか？」Yes ／ No
　　……という感じです（笑）。

　この改善アプリは、Google フォトとは別の「クラウドソース」というサービス向上を目的としたアプリなのですが、このクラウドソースの提供する画像について、さらに同じような二択での回答を求められます。

▶ 猫、車、洗面台、トイレなどの写真に対して
「この画像に流し台が含まれていますか？」Yes ／ No
　　……という感じです。

その他にも、人物の「顔の表情」について「悪かった」「どちらでもない」「良かった」という大分類を選択した後、「どちらでもない」であれば、「退屈、集中、熟考、満足、欲求、疑い、困惑、関心、標準」といった回答を要求する設問もあります。

つまり、人間が瞬時に判断できることを、AIで実現するために、一所懸命にデータ整備をしているのがGoogleの「クラウドソース」なのです。

話が少し脱線しましたが、要はAIには得手不得手があり、うまく利用するためにはデータの量と質が必要不可欠だということです。

つまり、前ページで共有したように、デジタル・Webマーケティングの業界では「機械学習」が主であり、その得意領域は、指定されたゴールが数値化され、規則性・法則性・関連性などから最適な答えが導き出される領域だということです。

従って、もしマーケティング活動において「新しい切り口・施策」を開発したい時は、**新しいアイディアや観点は、人が考える必要があるのです。**

【 AI には得手不得手がある 】

AI の得意分野 ＝ 機械学習
ゴールが数値化された領域

AI の不得意分野 ＝ 新しい切り口・施策の開発
新しいアイディアや観点は、AI に頼ってもあまり意味がない

テクノロジーの進化により私たちはたくさんの恩恵を受けていますが、AI を含めた便利な技術にも、それぞれ限界や限度、得手不得手などがあるという点を忘れてはいけません

《 事例 》「人」と「AI」の共同作業から生まれた「鉄板法則」

　次に、クリエイティブ改善において、人と AI の共同作業によって得られた成功事例をご紹介したいと思います。

　EC サイトにおいては、第三者による評価の「証」は購入率を高める要素の 1 つになるのですが、その際に、どのような伝え方を採用すればよいのか？ を発見した事例になります。

〖テーマ〗

　CVR に寄与する第三者評価のパーツ（コンテンツ）は何を選択するべきか？

　①「エンブレム」、②「SNS コンテンツ」、③「実績」のうち、どれが強いのか？

〖仮説〗

　王道でいけば①が本命で③が対抗。しかし近年の流れでは②か？

〖方法〗

　AI の一種であるバンディットアルゴリズム[※1] というクリエイティブテスト[※2] を効率よく実施してくれるアルゴリズムを採用。

【 パーツのクリエイティブテストのイメージ 】

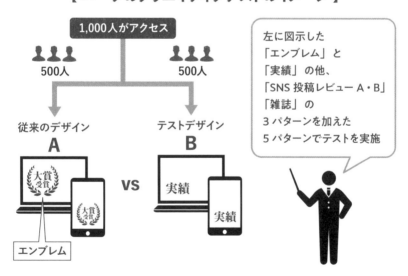

〚結果〛

テストの結果、下の表のとおり「エンブレム」が勝利しました。

パターン	セッション数	CV数	CVR
合計	2,806	87	3.10%
①雑誌（オリジナル）	352	10	2.84%
②SNS投稿・レビューA	102	1	0.98%
③SNS投稿・レビューB	195	4	2.05%
④エンブレム	1,364	52	3.81%
⑤実績	793	20	2.52%

　実際に行ったテストでは、もともとの（オリジナル）クリエイティブに対して、SNS系コンテンツを2つ、実績を1つ、エンブレムを1つというように、5パターンのパーツで競争をしました。

　このテストを支援してくれたのが「バンディットアルゴリズム」です。全てのクリエイティブに表示（セッション）する機会を与え、何度か機会を与えるうちに成果に貢献する／しない。といった仕分けを行い、貢献するクリエイティブには表示機会を増やします。これらの全てを自動で実施してくれます。

　サイト訪問者の気持ちを考えたアイディア（クリエイティブテストのパターン）を人が投入し、偏りなく、感情を持たず、数値を軸に、淡々とAIが最適解を導き出す。シンプルですが、人とAIの最強の共同作業かもしれません。

※1　バンディットアルゴリズム：複数案から「どれが最適か？」を選ぶ際、複数案を試しながら徐々に成績の良い「案」の施行機会を増やし、最適案を自動で探してくれるアルゴリズム。Webで利用する際は平均のCVRを下げずに済むというメリットがある。

※2　クリエイティブテスト：Webページやバナー、コピーなどの「最適解」を探すことを目的としたテスト。特定部分を（または大胆に）変更したAとBのパターン（または複数）を作成し、実際のユーザーに向けてA・Bをランダムに（または一定の比率で）表示させ、成果の良いパターンを見つけ出す手法。

03 「人」が担う領域は重要度が非常に高い

◎ 人海戦術で見つけた「宝物」

少し前のことですが、弊社であるEC事業者様の受注データを確認しながら、数カ月に1件あるかないか、という特定の受注データからECシステムの機能開発をしたところ、消費者の評価を得て、売上に直結した成功経験がありました。

それは「まとめ買い」です。

当時、同企業が主力とする製品が属するカテゴリは、国が発表していた統計データでも年間の購入回数は2回を下回るとされており、リピート、顧客単価に課題を抱えていました。そこで、何かひとつでも事業成長のヒントが得られないか? という思いで、担当の方と一緒にひたすら膨大な受注データを眺めるという、苦行ともいえる作業を行っていた時でした。

しばらく受注データを眺めていると、多くのユーザーは1〜3個の購入だったのですが、稀に20個、30個などまとめて購入しているお客様がいました。

担当の方が「その理由」をユーザーに確認したところ、「法人需要」という事実がわかりました。これにより「まとめ買い」需要があるのでは? という判断をし、機能開発を行った結果、成果を得ることができたのです。

この超アナログ人海戦術の事例は、今であれば「基礎集計」の条件設定に追加することで抽出ができますが、当時、仮にデータ分析専門の会社に依頼していたとしても、経験に乏しいため、分析テーマの要求漏れが生じていたでしょう。

データを眺める行為の良し悪しはさておき、顧客の状態や欲求・

ニーズを理解するために整形された「綺麗な（結果）データ」だけでなく、時には超アナログ体験を通して、生々しい情報や空気に触れることが重要です。

　実際にお客様と会う・聞く・確認する、といったリアルな経験をすることで、マーケティング活動やデータを読み解く際の「嗅覚」や「リアリティ力」といったものが身につき、現場で求められる「思考回路」や「神経回路」とでもいうべきものが鍛えられます。

　こうした超アナログ体験も組み合わせることではじめて、データから様々な発想やアイディアを引き出すことができるのです。少なくとも私には、そういった経験が幾度となくあります。

◎「使い手」の能力・経験が試される

　デジタル化やテクノロジーが進化するほど、「人」が担う役割はますます重要になっていきます。設計や方向性が定まった後は、AI やマーケティングツールに任せるほうが効率的ですが、定まるまでの間は、顧客や事業を理解している人、マーケティング施策を設計できる人、知識や経験がなくても「やり抜く」と決意した人など、全ては人が設計・判断をする必要があります。

【「AI に使われる」のは NG 】

「AI に使われる（AI を盲信する）」のではなく
人間が「AI を使いこなす」ことが大切です

AI が
導き出した
結論だから
間違いない！

この分析は
AI の
得意分野を
活かせそうだ

これは決して個人的な価値観による発信ではなく、前述のとおり、今はまだ人間と同様の思考回路を持つAIは実用化されていないからです。AIの得手不得手を考えて、指示や判断、新しいアイディアの投入など、人のサポートが必要不可欠なのです。

人がAIを上手に使いこなす。このテーマはいま、マーケティング現場で最も求められている要素の1つです。

04 事業成長に不可欠な「Webマーケティング」を効果的に運用するには?

▣ 事業の一番の理解者は誰か?

コロナ禍前から「EC事業・Webマーケティングを再構築したい」という相談は増えていました。実際に話を聞いてみると、弊社に相談に来られた理由は様々だったのですが、なかには相談者（事業主）の"他人事な姿勢"が成果を創出できなかったのでは？ と感じることもありました。

このような方が、決まって言うのが「依頼していた代理店はプロなのに……」という台詞です。

気持ちはわからなくはありませんが、間違ってはいけないのは「御社の事業を一番理解しているのは誰か？」ということです。

広告代理店や制作会社といったパートナー企業は、あくまでもその道のプロというだけで、あらゆる業種のコンサルティングができるというわけではありません。そのため、事業主であるクライアントが主導権を握り、各パートナー企業を上手にマネジメントすることが大切です。

では、主導権を握って、成果を創出するには「何から」着手すればよいのでしょうか？

答えは、**事業主が持つべき、デジタルマーケティングの必要最低限**

の知識習得。この一言につきます。

「素人だから」「わからないから」という理由で、パートナー企業に言われたとおりに判断・行動していては、成果は得られません。

残念ですが、そんなに甘くないのが現実です。

回 Webマーケティングを効果的に実施するためには!?

先ほど、デジタルマーケティングとWebマーケティングを分類したMAPをご紹介しましたが、事業成長に直結する施策は、やはりWebマーケティングが中心になります。下の図は、Webマーケティングを効果的に運用するための全体図です。

この図を確認していただけばわかるように、**『戦略』『指標』『数値分析』『広告管理』『クリエイティブ管理』の5つが重点テーマです。**

【Webマーケティング組織の役割】

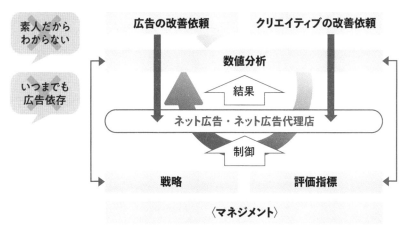

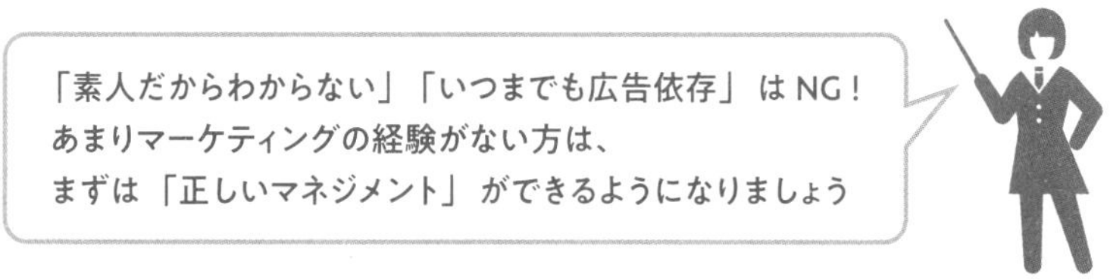

素人だから
わからない
いつまでも
広告依存
広告の改善依頼
クリエイティブの改善依頼
数値分析
結果
ネット広告・ネット広告代理店
制御
戦略
評価指標
〈マネジメント〉

「素人だからわからない」「いつまでも広告依存」はNG！
あまりマーケティングの経験がない方は、
まずは「正しいマネジメント」ができるようになりましょう

そして、これらの重点テーマには「型」が存在します。

　それぞれの「型」を理解した上で、しっかりとマネジメントすることができれば、持続的な成長を遂げることが可能です。

　「デジタル・Web マーケティング」に、初めて触れる方の中には「自分にできるの？」と、不安を抱く方もいらっしゃると思いますが、クリエイティブやネット広告などは、全てを自分の手で行う必要はありません。

　外部のプロや社内担当者を「マネジメントする」という方針でしたら、本書を一読いただき、本書を手にマーケティング会議に参加してもらえば、すぐにでも事業成長につながる「正しいマネジメント」を行うことができるようになります。

　その上で、さらに半年間実践していただければ、皆さんが得た経験と知識は血となり肉となり、独り立ちができます。

　いよいよ、次章からは、実践的な内容に入ります。

　本書の内容は約 20 年、私が現場で磨き続けてきた経験を可能な限り、わかりやすく、誰もが実践できることを意識して整理しました（何十回も書き直しました！）。

　そして、本書の内容は時代の流れに左右されない、普遍的な内容に特化しています。

　周囲の声に振り回されず、自社の考えをしっかりと持って運用・管理ができる組織を構築するために、1 つずつ一緒に確認していきましょう。

Chapter 3

正しい戦略

　本章では、デジタル・Web マーケティングの戦略構築方法を共有していきます。本章の内容を何度か実践するうちに、自社で戦略を構築できるようになりますので、ぜひ一つひとつ理解しながら読み進めてください。また、「戦略」は、本書の最も重要なテーマの１つです。

　戦略とは、もともとは軍事用語で、戦争における「準備・計画・運用」の『方針』を指す言葉です。私は歴史が好きですが、歴史を振り返ってみると、戦略のない戦場では多くの命が失われます。また、原因究明をせず、戦略の再構築ができない国は敗北を重ね、やがて滅びる結末を迎えています。これは、どの時代にも共通している法則です。

　同じように、戦略がないマーケティング現場では、企業にとっての命とも言える「経営資源」がムダに垂れ流されています。

　言葉を選ばずに言わせていただくと、そのような " ザル " な企業が非常に多いのが事実です。

本書を手にしていただいているということは、あなたは「売上を伸ばしたい」「事業成長のヒントを得たい」という考えをお持ちだと思いますが、実は、**世の中のデジタル化が進めば進むほど、本章のテーマである「戦略」がますます重要になっていきます。**

　理由はシンプルで、これからの時代は全てがデータ化されるからです。一例をあげますと、次のようなイメージです。

- 「計画」と「結果」
- 「施策」と「結果」
- 「顧客」との「関係」

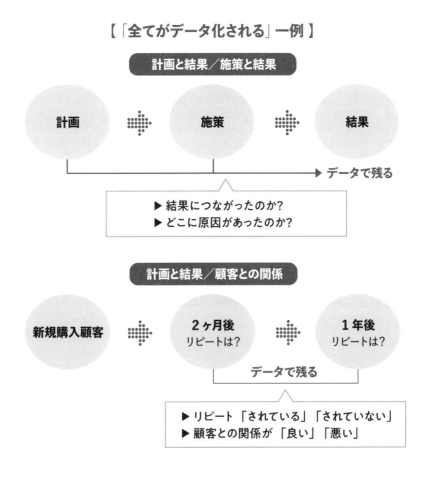

【「全てがデータ化される」一例】

計画と結果／施策と結果

計画　施策　結果

→ データで残る

▶ 結果につながったのか？
▶ どこに原因があったのか？

計画と結果／顧客との関係

新規購入顧客　2ヶ月後 リピートは？　1年後 リピートは？

データで残る

▶ リピート「されている」「されていない」
▶ 顧客との関係が「良い」「悪い」

抽象度が高い表現になっていますが、実際のマーケティング現場では、より具体的な項目や内容がデータ化されます。

　つまり、正しいデータ取得と分析ができれば、マーケティング活動の成否は誰にでも判断することができます。他にも「課題は？」「次の施策は？」といった共通認識を、組織全体で持つことができるのです。

　これからのマーケティング活動は、データを重視した「正しい戦略」を持つことが必要不可欠といっても過言ではありません。

　昨今はマーケティング施策の頭打ちに悩む企業が多いのですが、これは「正しい戦略」を持っていないことが原因です。このような企業は、次の2つが習慣になってしまっているように思います。

① 無意識に無駄な投資が継続されている。
② 数値に縛られ、視野が狭くなり、身動きがとれない。

　①に関しては、冒頭でもお伝えしたように、経営者もマネージャーも担当者も、誰も気づかないまま無駄な投資を行っています。

　②は、目先の数値に囚われ、視野が狭くなってマーケティング活動全体の観点を見失い、投資すべき領域に投資することができず、時間経過と共にシュリンクしてしまいます。

　この2つの習慣は、データを重視した「正しい」戦略・データ取得・分析をマスターすることで回避することが可能です。

　繰り返しになりますが、事業主が、この悪しき習慣に陥ってしまうのは、事業主を取り巻く環境にあります。

　Google をはじめとする、デジタル・ネット広告媒体のメニューの大半は「競合企業と競争」する構造になっています。

　簡単に言うと、媒体費の「値決め」は、競合企業との入札が中心で、対象顧客の奪い合いを演じる仕組みになっているのです。

もちろん、このような構造には、否定的な側面しかないわけではなく、メリットとデメリットが混在している状態です。

　ただし、前にもお伝えしたように、広告運用を担う広告代理店・専門企業などの多くが、この構造の中で商売が成立しているため、無意識に構造のデメリットを引き寄せてしまっているケースがあります。

　繰り返しますが、誰も悪者はいません。事業主が、先頭に立って、自社の事業にとってメリット・デメリットを考え、進むべき道標を自社で作り上げる他ないのです。

　現場では膨大な業務に追われ、十分に考える時間も作れず、目の前のことだけで精一杯という方が少なくないのも理解しています。

　ですが、毎週半日、数時間だけでも時間をつくって「戦略」を考え、設計することが、未来の数カ月、数年分の効率を生み、無駄な経営資源の垂れ流しを防ぐことにつながるのです。

「誰か」が、正しい戦略を組み立て、磨き続けなければ、デジタル社会で生き残るのは、至難の業です。

「デジタルマーケティングの戦略」と聞くと、難しいように感じるかもしれませんが、内容はものすごくシンプルです。

　まずは、本章で「正しい戦略」をマスターしましょう！

01 「正しい戦略」とは？

　まず、本書における「正しい戦略」を定義していきます。

　正しい戦略とは、**戦略を構成する全ての要素に「数値的根拠」が備わっている状態**を指します。

　なぜ、数値的根拠が必要なのかというと、実際の運用は、次のような計算式で組み立てられるからです。

【 広告出稿から購入までの各要素と計算式 】

◆ **購入に関する計算式**

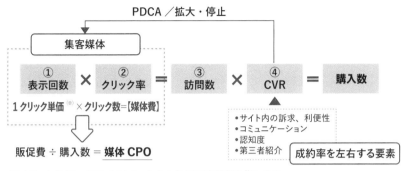

※ クリック単価：広告の1クリックあたりの平均単価を指します。

◆ **LTV・リピートに関する計算式**

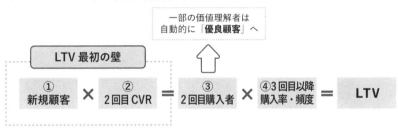

　これらの計算式を構成する各要素が根拠ある数値で設定され、その数値を具現化するための施策を計画し、最終的に売上全体を試算していきます。従って、戦略の第一歩は、構成要素の理解からはじまります。

　早速、共有していきましょう。

　突然ですが、「家」の建築をイメージしてみてください。家は、2階建てでも3階建てでも、どのような「サイズ」でもOKです。

　次に、イメージした家に適した設計図をつくります。設計図には、どのような要素が必要でしょうか？ 建築の専門家ではない人がほとんどだと思いますので、思いつく範囲内で構いません。大雑把に思い描いてみてください。

設計図として、土台などの基礎、柱、屋根といった要素が、すぐに
イメージできた方が多いのではないでしょうか？

　この設計図が、皆さんの事業を導く「戦略」です。

「家のサイズ＝売上規模」で、「土台＝顧客設定や自社の強み・価値」
です。これは土台なので、とても重要です。そして戦略を組み立て
る「柱＝集客・成約・リピート」も欠かせません。柱が存在しなけれ
ば崩れてしまうので、骨太な柱が必要です。

　これらが、戦略の構成要素となります。

　当然ですが、家のサイズによって屋根が変わるように、売上規模や
事業の成長段階に応じて、必要な観点も異なってきます。

【 事業を導く戦略とは？ 】

　ちなみに、これらの戦略の背景に存在するのが、「社風や理念」と
いった企業の性格に該当する要素となります。

　少し整理をしますと、

- 土台となるのが「顧客設定」と「自社の強み・価値」の２つ
- 戦略を組み立てる柱が「集客」「成約」「リピート」の３つ
- 売上規模・事業成長によって「必要な観点」が存在する

これら**各要素に「根拠」が備わっており、関係者が信じることができ、実際に実行できる内容であることが「正しい戦略」**です。

それでは、具体的な「戦略の設計方法」について、確認していきましょう。

02 戦略の設計方法 ❶土台

早速、戦略を構成する要素を1つずつ確認していきましょう。

まずは「土台」となる2テーマ「対象顧客の設定」と「自社の強み・価値」からです。

▣ 1）対象顧客の設定

マーケティング活動において対象顧客の設定は非常に重要です。自社の製品・サービスを求めている対象顧客は、どのようなことに悩み、どのような便益を求めているのか？ 可能な限り詳細に設定するのがポイントです。

「年齢・性別・家族構成」「趣味・嗜好」「平日・休日の過ごし方」「食事や買い物に行く場所」「（弊社製品を）購入する時の心理」など、具体的に設定していきます。

マーケティング現場でよく聞く「ペルソナ」ですね。

重要なのは、**ペルソナは複数あっても、間違っていても、具体的であれば、問題ないという点です。**

ペルソナは「絞るべき」という人もいますが、私はそうは思いません。なぜなら、デジタル・Webマーケティングの現場（例えばネット広告）では、様々な趣味・嗜好を持つ人への広告配信が可能ですし、実際のところ、もともと描いていた対象顧客とは異なる属性の方から注文が入ることも多々あるからです。

【「ペルソナ」とは？】

「ペルソナ」とは、
勤務地や日常利用するお店やサイトといった生活習慣や性格など、
対象顧客となる人物像までを設定することを指します

「ペルソナ」と「ターゲット」の違い

ターゲット 性別や年齢、居住地、嗜好、価値観といった
属性でマーケティング対象を決めたもの。

30代既婚女性

ペルソナ ターゲットよりさらに詳細かつ具体的に、
特定の人物像（利用者像）を設定したもの。

30代既婚女性

名前　鈴木円香
年齢　38歳

東京都墨田区在住。広告代理店勤務。
デザイナー。年収500万円。
夫と子供1人（4歳）の3人家族。
30年ローンで購入した戸建てに居住。
趣味は映画鑑賞、海外旅行。
…………

重要なので繰り返しますが、マーケティングをする際に求められるのは**具体的に描くことです。**

戦略の仕上げの段階では、計画どおりに事業を進めるための施策案を掻き集めて選択するのですが、この時、ペルソナを詳細に設定して関係者と共有することで、集まってくる施策案の精度が格段に上がります。

また、設定したペルソナが間違っていたとしても、具体的に描かれていれば、設定したペルソナが問題だったのか？ それとも、ペルソナではなく施策そのものに問題があったのか？ など、原因分析や再考する道が絞られ、再構築のスピードが上がります。

いきなり個人的な話となり恐縮ですが、本書執筆中の 2022 年 3 月に実父が他界しました。手術適応外の癌に侵され、たくさんの方に協力いただきながら 1 年 3 カ月間を共に闘い、父は大波乱の人生に幕をおろしたのですが、私は長男のため、喪主として「葬儀」に関していろいろと調べていた時期がありました。ところが、父が他界してから数カ月経過した時点でもなお、某葬儀会社 X 社の広告に追いかけられていました。

X 社の営業の方に聞いたところ、葬儀の場合、調査・問い合わせから契約まで、最大 2 ～ 3 週間の顧客がほとんどだそうです。

当然、父の葬儀はすでに終わっているのですが、数カ月が経過しても私が広告に追いかけられていたということは、追いかけるべき対象顧客の設定にミスが生じているということです。

◎ 2) 強み・価値

強み＆価値も、多方面に影響を与える重要テーマです。自社・製品・サービスの「強み」と、対象顧客にとっての「存在意義や価値」は、いったい何なのか？ を明確にする必要があります。

「強み・価値」を考える際に重要なのは、以下の2つです。

　1つ目は、**自社が思う「強み」や「価値」ではなく、対象顧客の目線で考える**ことです。

　多くの企業は、自社が力を入れて頑張っていること、競合企業との差別化要素などを「強み」として発信しがちですが、これは大きな間違いです。そうではなく、対象顧客の目線で考えた場合の「強み・価値」を発信する必要があります。

　2つ目は、顧客にとって価値があるのに、自社の物差しで**当たり前になってしまっていないか？** という視点です。

　業界の常識や「自社では当たり前のこと」が、対象顧客にとっては「価値」につながる場合があります。容器や保管方法、サポートメニューなど、あまり表に出さないようなモノやサービスが、実は対象顧客にとっては価値として認識されることがあるのです。

　競合他社を調査して、強みを研ぎ澄ますというのもひとつの方法ですが、他社ばかりを見ていると、それに引っ張られて他社と同化してしまうリスクを伴うため、自社が設定した対象顧客に対しての「強み＆価値」に絞って考えることをお勧めします。

【 対象顧客の目線で考えることが大切！ 】

自社の主張に偏ると……	自社の物差しで判断すると……
自社が思い描く強みや価値観、頑張っていること、競合企業との差別化要素などは、顧客にとっての価値とギャップが生じる場合も。	顧客にとって「価値」となる情報や内容を見逃してしまう可能性が高まる。

03 戦略の設計方法 ❷柱「集客」

　まず、前提の共有ですが、ここでの「集客の定義」は、ネット広告の活用を主としています。理由は2つあります。

　1つ目は、すでにお伝えしているように「無意識に無駄な投資を続けている」企業があまりにも多いので、それらの「無駄な投資」を極限まで減らしてもらうために、ネット広告に特化する必要があると、私は考えているからです。

　2つ目は、広告には「計画が立てやすい」という利点があることです。自社のSNSをはじめとする「自然に発生する集客（自然流入）」は、一定期間の運用実績と過去のデータがあれば、ある程度の計算ができますが、事業計画に組み込めるようになるまでには、それなりの時間を要します（この点に関しては、のちほど「売上試算」のテーマで解説します）。

　誤解を避けるために補足しておくと、SNSを運営し、対象顧客との関係を構築して集客につなげるといった（キャッシュアウトしない）手法を否定しているわけではありません。むしろ、そうした手法はこれからの時代には必要不可欠です。

　事業主は、指名顧客やリピーターを増やし、最終的には広告に投じる予算を限りなくゼロにするモデルを目指すべきです。

　しかし、本書の目的と説明の便宜上、本書での「集客」は投資が発生するネット広告の活用を主として、共有していきます。

　前提の共有は、この辺にして、話を戦略に戻します。

　集客においては、

● 質の高い「情報収集」を行い

● 3つの観点から「選択」します

　早速、この2つを確認していきましょう。

◎ 質の高い「情報収集」

質の高い情報収集を実施するためには、2つの観点が重要です。

1つ目は「集客の質」です。

当たり前ですが、ただ単に人を集めても事業成長には直結しません。自社製品・サービスに興味・関心が高い顕在層を集客し、「購入顧客」「リピート顧客」といった事業成長に直結する「集客」を実現することを念頭に、ネット広告に関する情報を収集しなくてはなりません。

また、集客の経路によってリピート率などは変わります。あまり大きな声では言えませんが、「成果報酬の広告です！」というトークに迂闊に乗ってしまうと、返品率が10％近くに達する広告サービスも存在します。意図的な悪意のあるサービスか偶然かはわかりませんが、質を無視した集客サービスが存在するのは事実です。

【 広告に関する「質の高い」情報収集 】

①
集客の質

その広告は……

購入意欲が高い顧客がいるのか？
粗悪な顧客はいないか？
リピート率などにも影響を与えるため、自社製品・サービスとの親和性が高い理由なども含め、「集客の質」に関する情報を集める。

②
特性

その広告は……

集客の計画・目的に適した配信設計が可能か？
自社のペルソナにマッチしたユーザーが存在するのか？
なぜ、自社の集客目的に適しているのか？ その理由も含めて、「特性」に関する情報を集める。

質の高い情報収集をするために、
この「2つの視点」を常に意識するようにしましょう

　2つ目は「広告媒体の特性」です。

「自社の集客計画・目的」に適した配信設計が可能か？　また、自社の設定したペルソナに近いユーザーが存在するのか？　といった情報を、なぜこの広告を使うべきなのか？　といった理由も含めて整理します。

　そして情報収集の次は、収集したネット広告などの各施策から「選択」をします。

◉ 選択（1）事業の段階・目的によって選択する

　まず、広告媒体（施策も同様）は、事業の段階・目的に応じて3段階に分けて考える必要があります。下の図のイメージです。

【 広告媒体と施策は3段階に分けて考える 】

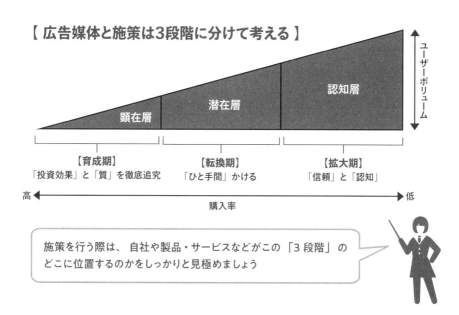

　事業の段階は、上図の左側の「育成期」から右側の「拡大期」に向けて成長していくとイメージしてください。

　図を見ていただければわかるように、拡大期に近づくにつれ、対象とすべき顧客の母数（ユーザーボリューム）は増えますが、逆に購入率は下がります。これらを踏まえ、各段階での特徴を共有していきます。

【育成期】には、購入意欲が高い「顕在層」を集客します。

この段階では、購入者1人当たりの獲得コストと顧客の質（リピートにつながったか？ ＝ LTV※）を徹底的に追究します。認知やイメージ、中長期的な視点などは後回しにして、事業存続のために、数字重視で猛進します。

※ LTV：Life Time Value の略。顧客生涯価値。はじめて製品を購入（取引開始）してから、生涯を通じて自社にいくら売上・利益をもたらしてくれたか？ という指標。一般的には1年間の LTV などと期限を切って集計する。媒体別に LTV を集計することで、事業成長に貢献している媒体を把握することも可能。

【転換期】は、育成期の施策を磨きながら継続し、そのうち購入してもらえるであろう「潜在層」も集客し、関係性を深めます。

市場や製品によって異なりますが、事業が一定規模に達すると、育成期の施策だけでは頭打ち状態になります。そのため、規模拡大の予兆を摑んだら、少ない投資から、そのうち購入してもらえるであろう潜在顧客の集客や、メールや LINE などを活用したコミュニケーションなど転換期の施策に移行します。次の成長ドライブに向けた投資を意識する段階です。

【拡大期】には、育成期・転換期の施策を磨きながら認知度を高めます。具体的には「○○○といえば■■■（自社名 or 製品名）」という状態を、対象顧客の心や記憶の中に種をまき、育て、実らせる施策です。いわば業界内で唯一無二のポジションを構築する段階です。

短期間での実現を狙うと、投資額が膨らみリスクも高まるため、まずは既存顧客の「心」に対して実施しても良いでしょう。

成功率は決して高くありませんが、現在は SNS による想定外の広がりも期待できるため、SNS 活用などもできるところから早めに継続して、知見を蓄積しておくのも一案です。

1つだけ補足しておきますと、現在の広告サービスの構造上、広告利用企業（競合）が多いカテゴリは「媒体費」が高騰するため、育成期の段階から転換期・拡大期の施策を、小さく実施することが求められます。自社の状況により、ご紹介したような「明確な切り分け」は、

意識しないほうが良い状況もあるため、注意が必要です。

選択（2）広告媒体に存在するユーザーを理解して選択する

広告媒体とは

- 広告主が魅力を感じる集客力を持ち、常に人が集まっている場所（サイトやアプリ）に広告メニューが掲載されて「広告媒体」となります。
- 裏を返すと、何かしらの「目的」や「惹かれる何か」があって、その場所（サイトやアプリ＝広告媒体）に人が集まっています。
- 広告媒体の資料には「年齢、性別、利用頻度、興味・関心、配信テクノロジー」などが記載されています。

広告を経由して出会った時の顧客は3つに分類されます。

　① 自社の製品やサービスを求めている「顕在層」

　② 今ではなく、そのうち購入するかもしれない「潜在層」

　③ 未来永劫「縁がない層」

　現在の多くの広告媒体では、消費者の「興味・関心」別に広告を配信することが可能です（例：健康、美容、金融、ボランティアなど、一定のグループを指定できる。媒体によって粒度や精度は異なります）。

【 出会った時の顧客は3つに分類される 】

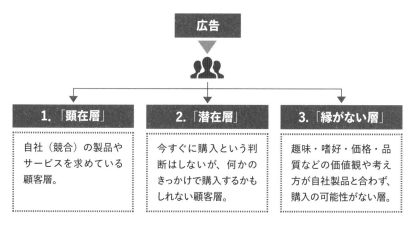

何となく「すごそう」ですよね。実際、すごいと思いますが、この
すごさに負けて思考停止してはいけません。自社にとって「どのよう
な集客が必要なのか」を理解し、「なぜ、その媒体に人が集まってい
るのか？」を考え、「自社に適した広告媒体なのか？」を明確な理由
をもって判断することが重要です。

　実際には、広告を出稿してみないとわからないというのが実情です
が、事前に予測し、結果と照合する作業を繰り返すことが「戦略の精
度を高める力」につながります。そのため、事前予測は必ず実施する
ように習慣づけることをお勧めします。

◎ 選択（3）失敗率を考えて"選択する・絞る"

　3つ目は、失敗率を考えます。広告媒体や配信方針による「失敗す
る可能性」を検討し、失敗率が高そうな広告媒体を回避します。右ペー
ジの図は「失敗ゾーン」（右下）を視覚化したものです。

　繰り返しになりますが、実際に広告を出稿しなければ、結果はわか
りません。ただ、売上確保が必須の「育成期」などに、**絶対に投資し
てはいけない広告媒体や配信設計は存在します。**

　以前、30代以上の女性を対象としたクライアント企業が、他社か
ら提案された広告企画の投資に迷っていました。実はこの広告、性別
の絞り込みができず、媒体に集まるユーザー年齢は10～20代とい
うものでした。企画内容は一時的なものでしたが、"一発勝負で派手
に目立つかも？"という点は、確かに魅力的なようにも見えました。

　私からは「対象年齢が違うので再検討すべきでは？」という提言を
したのですが、他社の担当者から「30代以上のユーザーが存在しな
い訳ではない」と再提示され、クライアント企業は迷われていました。

　しかし、その媒体はクライアント企業の対象顧客が少ないだけでな
く、企画内容も「購入」に直結する内容ではありませんでした。つま
り、先ほどの図で言うところの右下の「失敗ゾーン」の広告企画だっ

【「失敗ゾーン」とは？】

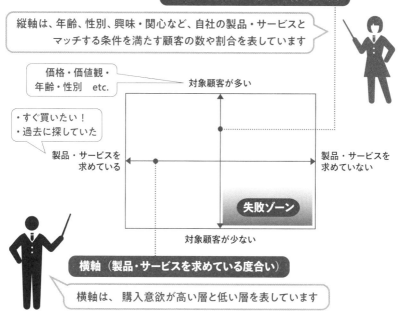

縦軸（対象顧客が多いか、少ないか）

縦軸は、年齢、性別、興味・関心など、自社の製品・サービスとマッチする条件を満たす顧客の数や割合を表しています

価格・価値観・年齢・性別　etc.

対象顧客が多い

・すぐ買いたい！
・過去に探していた

製品・サービスを求めている

製品・サービスを求めていない

失敗ゾーン

対象顧客が少ない

横軸（製品・サービスを求めている度合い）

横軸は、購入意欲が高い層と低い層を表しています

Chapter

3

正しい戦略

たのです。

「失敗ゾーン」を見極めるためには、媒体資料はもちろんのこと、広告代理店や制作会社など、パートナー企業の"経験"も大きな情報源となります。つまり、日頃から本音で付き合えるパートナー企業と関係を構築することも、重要な仕事の1つなのです。

【 ネット広告選択時の「3つの視点」】

1. 自社の事業の段階	2. ユーザーが存在する目的	3. 失敗を考える
育成期・転換期・拡大期と、自社が置かれている状況を考慮して選択する。	広告媒体に存在するユーザーが「なぜ、そこにいるのか？」を、サイトやアプリの利用目的を考慮して選択する。	失敗する原因は明確。候補となる広告がどのゾーンに位置するのかを考えて選択する。

集客の「質」と「リピート」

◇ ◇ ◇

　集客の「質」と「リピート」は密接に関係しているのですが、こちらの2つが切り離された状態でマーケティング施策を展開している企業が意外と多い、というのが実情です。

　以下の例をご覧ください。
　少し極端な例になりますが、集客経路AとBでは、どちらの集客に期待が持てるかを考えてみてください（1人あたりの獲得コストは同額）。

　集客経路Aは新規顧客は1,000人ですが、顧客の平均生涯価値「4万6,000円」は確定していて、ここからさらに伸びる可能性もあります。

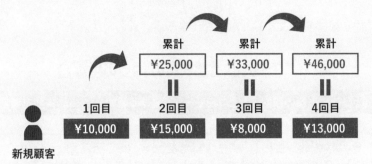

【集客経路A】
新規顧客 **1,000** 人
※購入金額は平均

　一方、集客経路 B の顧客の平均生涯価値は「1 万円」で終わりで
すが、5,000 人の新規顧客を獲得しており、売上合計では A を上回っ
ています。あなたが経営者でしたら、A と B では、どちらの集客経
路に継続投資を行いますか？

　多くの方が、集客経路 A を希望しますよね。
　B は、1 回の購入で終わっていますが、A は、5 回、6 回目購入と
伸び代があり生涯価値が高いのが特徴です。
　当然、集客経路 A に継続的に投資したほうが、事業成長の確率は
高くなることが予想されます。表面的に集客が上手くいっているよ
うに見える結果でも、B のように「全くリピートされない集客施策
だった」ということが、マーケティング現場では実際に発生します。

「集客の質」をしっかり把握すれば、事業の未来が見えてくるため、
この「質」を追い求めることは非常に大切な業務の 1 つなのです。

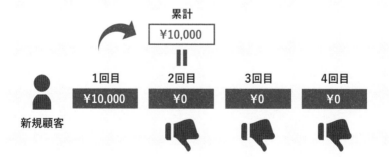

【 集客経路 B 】
新規顧客 **5,000** 人
※購入金額は平均

04 戦略の設計方法 ❸柱「成約」

続いての柱は「成約」です。サイト訪問者（見込み顧客）に、自社を「選んでもらう」ための設計の理解を深めましょう。

成約では、

● 「5つのパーツ」で実態を整理し
● 訪問者の心を考えた「情報設計」を行い
● 最後に「コミュニケーション設計」を構築します

一つひとつ確認をしていきましょう。

【 自社を「選んでもらう」ための設計の手順 】

①5つのパーツを整理	②情報設計	③コミュニケーション設計
自社の実態を整理	訪問者の心を考え設計する	訪問者への接客を設計する

◎「5つのパーツ」で実態を整理する

まず、商品やサービスに興味を持って自社サイトに訪問してくれたユーザーが、「この会社にお願いしよう」と思う確率を高めるために情報を整理します。

すでに共有した「強み＆価値」も含まれますが、その他に【認識、結果、解説、実証＆データ、客観的事実】の「5つのパーツ」を用いて、自社の実態を整理します。それぞれの内容は次のとおりです。

① 【認識】「私たちは、あなたの課題・悩み・喜びなど詳細まで理解していますよ」という、訪問者への投げかけです。
② 【結果】製品購入後に得られる効果やメリットを整理します。

③【**解説**】機能解説です。心臓・肺など各機能が働くことで人が生存できるように、製品・サービスにも存在する各機能を整理します。

④【**実証＆データ**】導入前後の変化の可視化や、これまでの実績、製品の強みを裏づけるエビデンスデータなどが該当します。

⑤【**客観的事実**】お客様の声やメディア実績など、第三者に評価された事実を発信します。唯一無二の要素などがあるとなおよいです。

サイト訪問者が「このサイトで買いたい」と思う動機には、必ず理由が存在します。その理由探しが情報設計であり、ベースになるのが「5つのパーツ」なのです。

【「5つのパーツ」で実態を整理する】

①認識	②結果	③解説	④実証&データ	⑤客観的事実
訪問者の状態や感情を整理する。表面的な内容ではなく、「詳細」「根底」まで掘り下げる。	訪問者が製品・サービスを購入した後の「効果」や「メリット」を整理する。	なぜ、その製品・サービスが訪問者の要求を満たすのか、構成する各機能を整理する。	実績やエビデンスなどを整理する。主観的な観点だけでなく、客観的な観点も必要。	第三者に評価された事実を整理する。

社内には必ず「宝物」のような情報が存在するはずです。**これ以上確認しようがない**、というところまで、徹底的に社内の情報を収集しましょう。

なお、薬事法などの法律に抵触する商材を取り扱う企業の方も、一旦、法律を忘れた状態で情報を整理するようにしましょう。理由は、薬事法に縛られて思考停止することが癖になり、最終的には「伝える」という行為そのものの思考回路が止まってしまう可能性があるからです。

◎ 訪問者の心を考えて「情報設計」を実施する

　下の図は、5つのパーツで整理した内容を、どのようにして「情報設計」に活かすかを視覚化したものです。

【 購入意欲が高いと思われる潜在顧客層を対象としたイメージ図 】

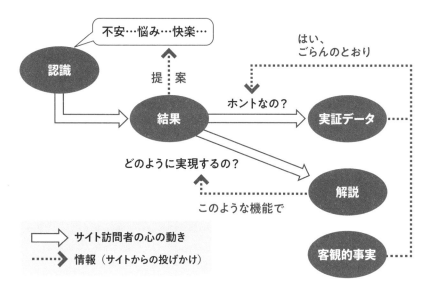

　それぞれ、どのような役割があるのかを確認していきましょう。

- 「正しいサイトに訪問したのか？」という迷いに応えるために
  ➡ 「認識」を配置します。
- 「どのような便益が得られるのか？」という疑問に対して
  ➡ 「結果」を配置します。
- 「本当なの？」という疑心暗鬼な心に
  ➡ 「実証データ・客観的事実」を配置します。
- 「どのように実現するの？」という疑問に対して
  ➡ 「解説」を配置します。

ご紹介したパターンはひとつの例ですが、このようなイメージで、全体の流れとサイト訪問者の心理を考慮して、発信する情報を選択します。

　それと、大切なことを1つ。

　自社サイトで「どのような情報を発信するのか？」については、競合他社を参考にするのではなく、「サイト訪問者の心」に集中して考えることが重要です。まずはサイト訪問者の心（思い、悩み、ニーズなど）を考えて、「5つのパーツ」から選択して絞り込みます。

　最後に、よくある課題と注意点に触れたいと思います。

【課題】
• 何を発信すべきか？
• 選択に迷った時はどうすればよいのか？
• 情報量が増えすぎないか？

　情報量が多すぎるのは問題ですが、迷った時はテストをすればOKです。無理に絞り込まず、テスト候補として保存しておいてください。

　テスト方法に関しては、Chapter 7で解説しています。

【注意点】
• 「説得」や「説き伏せる」はNG
　情報設計の段階で、どうしても「主観的」な発信が多くなってしまう方がいます。しかし、現在のユーザーは毎日のように大量の情報に触れており、一瞬で「好き・嫌い」を判断するため、押しの強いサイトや企業にストレスや嫌悪感を覚えて、避けるユーザーも少なくありません。従って、「押しつけ」と受け取られかねない主観的な発信はなるべく避けるようにして、可能な限り「客観的な情報」を発信するように心がけましょう。

◎「コミュニケーション設計」

最後に「コミュニケーション設計」です。こちらの内容は「転換期」で注力することが多いのですが、「育成期」から対応可能であれば、早めに実施しても損はありません。

■ 97%は離れていく

自社サイトに「購入意欲が高い」顕在層を集客できたとしても、最近の傾向として、製品やサービスにもよりますが、実際に購入いただけるのは100人のうち3人前後というのが目安です。

そのため、もし、貴社を知らない新規顧客100人のうち5人が購入に至ったら、かなりの好成績といえます。

ここで共有する「コミュニケーション設計」とは、購入に至ることなくサイトを離脱する97％の人との関係を終わらせず、つながりをつくり、関係性を深め、最終的に自社サイトで購入してもらうための「関係性づくり」の設計です。

【課題】

• 登録してもらうには、何が必要か？

後で連絡を取りたいというのは「こちら（自社）の都合」です。それよりも、サイト訪問者が「登録したい！」という気持ちになる、**具体的な価値を発信することが大切です。**

【課題】

• 連絡手段はSNSが良いか？ メルマガが良いか？

対象顧客次第です。また、SNSによっては一定数以上のDM数は有償というケースもあるので、コストの考慮も必要です。

個人的には、情報発信先・連絡手段は1つか2つに絞るべきだと考えています。あれこれ増やしすぎて工数が増え、中途半端になってしまうくらいなら、絞って注力するほうが継続しやすいからです。

【 コミュニケーション設計があるサイト 】

メルマガや SNS などに登録してもらうことで、 連絡先保有者リストとして蓄積します。
その後、 コミュニケーションの継続によって信用貯金を蓄積し、
購入（成約）へと進んでもらう流れをつくります

【 コミュニケーション設計がないサイト 】

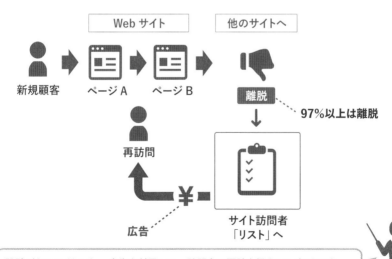

設計がないサイトでも、 広告を利用して、 訪問者に再訪を促すことができます
（リマーケティング広告またはリターゲッティング広告と呼びます。 詳細はのちほど）

【注意点】

● 効率的な手段を選択しましょう。

　コミュニケーションの設計がないサイトでも、広告を利用してサイトに再訪問してもらうことは可能です。コミュニケーションの対応にも工数を要するため、社内リソースなどを検討して効率的な手段を選択しましょう。

　実際のマーケティング運用現場では、「集客と成約」はセットで動くことになります。成約で整理する「5つのパーツ」や「情報設計」などの内容は、広告用の文章やコピー、バナーなどでも利用することができます。

05　戦略の設計方法　❹ 柱「リピート」

　最後の柱は「リピート」です。先ほどのコラム（70〜71ページ）の例で見たとおり、リピートの威力は、ボディーブローのように効いてきます。表面的な売上だけを見ると、新規顧客の集客のほうが手っ取り早いように感じるのですが、これは麻薬のような思考で、一度ハマると中毒になり抜け出せなくなってしまうので注意が必要です。

　なお、本書ではボリュームの都合上、「リピート」に関しては「戦略」における重要ポイントのみの解説となっており、実務的な内容が網羅されていません。こちらについては、お薦めの書籍をご紹介したいと思います。

『社長が知らない秘密の仕組み 〜業種・商品関係なし！絶対に結果が出る「黄金の法則」』（ビジネス社）です。ぜひご一読ください。

　健康食品で有名な「やずや」の大番頭である西野博道氏が開発した「顧客ポートフォリオ理論」を初めて世の中に紹介した書籍で、橋本陽輔先生が、とてもわかりやすい内容に仕上げてくれています。

リピートの威力

◇　◇　◇

　次のテーマである「リピート」に入る前に、具体的に数値を共有しながら、リピートの威力を確認してみましょう。

　リピートは、言うまでもなく「利益の源泉」です。次の例は、A社とB社のリピート率を半年間で比較したものです。どちらも新規顧客は毎月1,000人を獲得しているという設定です。

【「A社」と「B社」のリピート率の比較（半年間）】

		4月	5月	6月	7月	8月	9月	小計	
新規顧客		1,000	1,000	1,000	1,000	1,000	1,000	6,000	
事業者A	2回目購入 20%	—	200	200	200	200	200	1,000	
	3回目購入 50%	—	—	100	100	100	100	400	1,400
事業者B	2回目購入 30%	—	300	300	300	300	300	1,500	
	3回目購入 60%	—	—	180	180	180	180	720	2,220

　2回目購入率は、A社が20%、B社が30%。

　3回目購入率は2回目購入者のうちA社が50%、B社が60%。

　B社のほうが、2回目、3回目のリピート率が共に10%良い状態です。

　この条件で、半年間のリピート件数を比較すると、A社の1,400に対してB社は2,220となります。2回目と3回目のリピート率が、それぞれ10%違うだけで、半年間で820件の差が生じるのです。

　4回目以降の受注がカウントされていないので、実際は、半年間の開きは1,000件を超えるのは確実です。

　このように、リピートの威力は非常に大きいため、「戦略」の段階でリピートに寄与する要素や施策など、精度の高い情報収集を心がける必要があります。

それでは、さっそく本題の「戦略・リピート」に戻りましょう。

リピートでは
- ●「継続理由」は何か？を考え
- ●「2回目の利用・購入」に全力を注ぐために
- ●「価値」と「タイミング」と「伝え方」を熟考します

ここまでと同様に、一つひとつ確認していきましょう。

【「リピーターを増やす」ための設計の手順】

継続する理由や価値を整理する	→	2回目の利用・購入につなげるため全力を注ぐ	→	価値・タイミング・伝え方を熟慮する

▣「継続理由」は何か？ を考える

　対象顧客が1回の取引で終わらずに、継続する理由を整理します。

　ここで重要なのは、対象顧客の目線で「**自社の製品・サービスを継続購入する最大の理由は何か？**」を徹底的に考え、時にはお客様に直接聞いてみることです。

「仕掛け」や「方法」でリピートさせる！ という方向に意識が向いてしまう企業が多いのですが、このような観点は、戦略や戦術ではなく、自社側のひとりよがりな願望という側面が強くなってしまい、施策ありきの思考に陥ってしまいがちです。

　あくまでも対象顧客の目線になって、多角的に考えることが重要です。

　リピート率やリピート数は、「顧客の評価」そのものです。

　評価に関する詳しい内容は、故・梅澤伸嘉先生の名著『消費者は二度評価する』に委ねたいと思いますが、前提として意識すべきなのは「顧客は購入前と後の二度評価を行う」ということです。

一度目は、購入前～製品使用前までの評価です。二度目は、購入後、つまり実際に使用してみて、「支払った対価以上か？ 以下か？」の評価になります。

まずは、「二度評価される」ことを理解した上で、「継続理由」を考える5つの視点を共有したいと思います。

【 「継続理由は何か？」を考えるための5つの視点 】

①製品価値・製造	②企業の人格	③周囲の影響
製品の価値以外にも、工程や努力など目に見えない領域・情報も整理する。	消費者が企業に対して魅力を感じる要素を整理する。	「著名人・専門家・他の顧客からも評価されている」という事実を整理する。

④集客の質	⑤特典
「そもそもリピートしない顧客を集めたり、施策を実施しているのではないか？」をチェックする。	「リピートするために背中を押す特典を提供できないか？」を検討する。

① 製品価値・製造

製品そのものが持つ価値（品質、価格、保証など）は当然ですが、製造工程に関する陰の努力、思想、背景、特許、原料、生産国、管理方法、製造者・設計者など、顧客目線で、情報を整理します。

② 企業の人格

消費者が企業に対して、特別な魅力を感じる要素を整理します。他を圧倒的に凌ぐ「世界観」「企業風土」「歴史」「姿勢」「実績」などです。従業員の人柄なども、ここに属します。

③ 周囲の影響

「長い物には巻かれろ」ではないですが、人は周囲の行動に少なからず影響を受けるものです。そのため、既存顧客（著名人や業界知識が豊富な人）など協力者になり得る人の情報を整理します。

④ 集客の質

あなたの会社の製品・サービスに本当は興味がないのに、新規購入者限定の特典などに興味を持つ顧客ばかり集めていては、何をどうやってもリピートにはつながりません。そこで、集客方法や広告媒体の特性などを整理します。

⑤ 特典

最後に考えるのが特典です。「二度目の評価」で迷っている顧客に対して、特典は背中を押す役割を担います。ただし、特典がメインになってしまうと、特典切れがお客様との縁の切れ目になってしまいます。あくまでも、背中を押す役割として考えましょう。

以上が、5つの視点となります。

ジャンルや製品カテゴリによっては、効果が得られないテーマもありますが、基本的には①〜⑤の順番で情報整理することをお勧めします。

◎「2回目の利用・購入」が重要

リピートの戦略では、シンプルにテーマを1つに絞ることをお勧めします。それが「2回目の利用・購入」です。

特定の製品やサービスを除けば、多くの場合、製品・サービスは「1回きりの購入」でお客様と縁が切れてしまうことが少なくありません。つまり、**「2回目の購入・利用」が最もハードルが高いのです。**

【 2回目の購入・利用が最もハードルが高い 】

提供製品やサービスによって幅があるのですが、ざっくりデータでお伝えしますと、リピート率は概ね以下の傾向にあります。

1回目の購入者が仮に100人だとすると、「50〜80人」が2回目購入に進むことなく、関係が途切れてしまいます。この割合を離脱率と呼びます（このケースだと離脱率50〜80％）。

ところが、 2回目→3回目となると、離脱率は「10〜20%」となることが多く、3回目→4回目となると「10%前後」と、一般的には、購入回数が増えるほど、離脱率は下がります。

従って、「2回目」の購入が非常に重要になるのです。

◻「**価値**」と「**タイミング**」と「**伝え方**」

まず「**顧客が感じる価値**」を、前述した「継続する理由」の中から顧客目線で洗い出し、重要度を考慮して選択します。

次にタイミングです。適切なタイミングは、製品・サービスの特性や季節などによって異なってきますが、それはさておき、まずは自社の2回目購入者の購入履歴を調べてみましょう。

すると、1回目の購入から1カ月以内に2回目の購入をする人が、比率としては最も高くなるはずです。リピート率が高い商材であれば

60％以上、低いと思われる商材でも40％前後という場合もあります。

　そして、2カ月以内に（2回目）購入する人は、50 ～ 70％前後になり、6カ月以内に期間を延ばすと、2回目購入者の全体の80％前後の方が該当するはずです。つまり、企業側は「2回目購入者は6カ月以内に購入する」ことを念頭に入れて、1回目購入者との接触を考える必要があるということです。

　以下は、あくまでも一般的な「タイミング」のフォーマットとして確認してください。一番確実なのは、自社顧客の購入履歴から算出することです。

① 納品直後

　EC・通販事業の場合は、納品のタイミング（開封時）が1つのポイントになります。無形サービスも同様に、初回の提供直後が接触タイミングのポイントです。

② 1カ月以内

　次に、納品・提供後の1カ月以内の接触方法です。最も熱い期間なので、1カ月以内に最低でも4～5回の接触をお勧めします。製品にもよりますが、1カ月以内の2回目購入者の80％の人は、21日以内に購入する確率が高いため、**3週間以内のコンタクト頻度を高めることをお勧めします。**

③ 2カ月目以降

　最後に2カ月目以降の接触についてです。多くの企業が該当しますが、一定期間内であれば「新規顧客の獲得コスト＞2回目購入者の獲得コスト」となるため、一定期間を過ぎるまでは接触を実施しましょう。ここでは2カ月と定義しましたが、自社の製品・サービスの特徴やデータを調べて、2回目購入率が下がりはじめる期間に設定しましょう（一般的には30 ～ 90日前後の期間が、2回目購入者が多い）。

最後に「**伝え方**」です。伝え方は２ステップです。

ステップ１では、伝達手段を決定します。

メール、SNS、ハガキ、手紙、電話など、どのような手段・媒体を通じて伝えればよいか、顧客特性を考慮しつつ、各手法の投資効果を測定して絞っていきます。

ステップ２では、「信用貯金」と「セールス」を分けて、伝える内容を検討します。

「信用貯金」とは、顧客からの（製品やサービス、あるいは会社への）信用を積み重ねることです。さきほど共有した「継続理由」で整理したリストなどを参考に、情報提供を行い、関係を構築します。

「セールス」は、文字通り販売目的の情報発信です。製品を購入した際、「信用づくり」と「セールス」が混在したメールやDMなどを私もいただくことがあるのですが、ちょっと勿体ないなぁと感じます。

伝えたい目的や内容を絞れば絞るほど、受信者の理解度は高まります。このことは、製品ジャンルを問わず数値で証明されています。

また、顧客への価値設定が「価格」ではないのに、特典だけを前面に押し出した「セールス」発信に傾倒する企業やサイトもあります。それでは「常に安売りをしている企業」という認識になり、「特典」がなければ買わない顧客を育てることになってしまいます。

価格競争に価値を絞った企業であれば、安売りに耐えられる体制や仕組みがあるので全く問題はありませんが、そうでない企業が値引きだけで勝負するのは、利益が減っていくだけなので、注意が必要です。

集客・成約・リピートの最後に、まとめとして以下に「医薬品のダイエット製品」を販売している場合の各柱のサンプルを用意しましたので、興味のある方は、ぜひ参考にしてみてください。

【集客】

		計画	質は?	媒体特性は?		
				顕在	潜在	縁なし
集客	どこから?	媒体A	Google・Yahoo! の検索連動広告。商品を求めている人へのアプローチ。質は高そう。	70%	30%	0%
		媒体B	成果報酬の広告。他者事例、詳細施策の説明なし。成果報酬は魅力だが、他パートナーからは、質の低さを指摘されている。	?		
		媒体C	YouTuber の A さんに PR 依頼。自社製品との親和性は高そうだが、視聴者の興味・関心は不明。過去事例もなし。	20%	40%	40%

・自社事業の段階は?
・失敗率は?

土台	何を?	強み・価値	
	誰に?	対象顧客の設定	

【成約】

コミュニケーション設計	
実施する	実施しない
・連絡手段：対象年齢が 40 代以上なのでメール ・特典：無償で「太る食事・痩せる食事」情報を発信	

	情報設計				
	認識	結果	実証&データ	解説	客観的事実
A案	ダイエットしても、毎回リバウンドしてしまう。我慢や運動は辛い……	医療の力でダイエット科学的にダイエット血糖値管理=体重減	∧∨↗	体重増加は、血糖値の上下変動が原因です。日々の数値管理と食べ方を知ることが秘訣です	SNS や雑誌で話題
	結果	実証&データ	認識	客観的事実	解説
B案	医療の力でダイエット科学的にダイエット血糖値管理=体重減	∧∨↗	ダイエットしても、毎回リバウンドしてしまう。我慢や運動は辛い……	SNS や雑誌で話題	体重増加は、血糖値の上下変動が原因です。日々の数値管理と食べ方を知ることが秘訣です
	結果	客観的事実	解説	実証&データ	認識
C案	医療の力でダイエット科学的にダイエット血糖値管理=体重減	SNS や雑誌で話題	体重増加は、血糖値の上下変動が原因です。日々の数値管理と食べ方を知ることが秘訣です	∧∨↗	ダイエットしても、毎回リバウンドしてしまう。我慢や運動は辛い……

5つのパーツ				
認識	結果	解説	実証&データ	客観的事実
ダイエットしても、毎回リバウンドしてしまう。我慢や運動は辛い……	医療の力でダイエット科学的にダイエット血糖値管理=体重減	体重増加は、血糖値の上下変動が原因です。日々の数値管理と食べ方を知ることが秘訣です	⌒\ ⌒	SNS や雑誌で話題

【 リピート 】

2回目購入の設計				
製品到着直後	3日	7日	14日	21日
【信用貯金】御礼とノウハウモチベーションアップ	【信用貯金】独自のダイエット理論成果までの道筋・期間	【信用貯金】独自のダイエット理論体験者情報	【信用貯金】独自のダイエット理論体験者情報	【セールス】体験者情報成果までの道筋・期間

継続理由				
製品価値・製造	企業の人格	周囲の影響	集客の質	特典
国が認定する医薬品	15 年間クリニックを経営。都内で 3 医院を運営。医学的な観点からのダイエット理論	新しいことに挑戦したいインフルエンサーが、密かに体験談を公開している	未実施なので、今後の課題	2 回目以降の特典はナシ

　こちらの内容は、弊社がコンサルティング現場で実際に実施している戦略構築のベースとしているものです。

　ぜひ、本章の内容をヒントに、皆様の会社の戦略を設計していただければと思いますが、3 点ほど注意点があります。

　それは、

　① 疑問点は流さない

　② 根拠を探る

　③ 努力する領域を絞る

　ということです。

　すでにデジタルマーケティングを実践されている方でしたら、何となく思い当たる節があるかと思います。早速、1 つずつ確認をしていきましょう。

06 戦略検討時の注意点 ①「疑問点は流さない」

　まずは、実際にあった事例を皆さんと共有したいと思います。

　以下はコンサル先の企業様で、実際にあった会話です。本サイトのリニューアルを行うにあたり「材料（数値）を集めるだけ集めて、方針を立てましょう」という会話をしていた時でした。

私　「広告出稿中の Web ページの訪問数や購入数、購入率などは、どうですか？」

担当者 A さん「それが、広告代理店さんが管理していて、数値確認ができないんです……」

私　「ん？ Google Analytics[※]（以下 GA）を導入されていますよね？ 確認できないとは、どういうことですか？」

A さん「それが、相談しても GA の数値を見せてくれないんです……。どうしたら良いのでしょうか？」

私　「えっ!? 広告費用を出している広告主が、その投資した結果を見られないってことですか？ しかも、かなり時間が経過していますよね？ 広告用の Web ページは御社資産ですよね？ そもそも、現状がオカシイと思わないのですか!?」

※ Google Analytics：Google が無料で提供する Web 解析ツール。

　嘘のような話ですが、これは実話です。

　A さんは疑問に思っていたようですが「これが業界では普通なのだろう」と思い込んでしまい、いつの間にか放置してしまったそうです。

話を聞くところでは、原因は、某広告運用会社さんの都合でした。

何か他の意図があったのかもしれませんが、後にも先にも、このような事例を聞いたのは、この某広告運用会社さん1社限りです。

この会話を取り上げたのは、某広告運用会社さんやAさんへの批判ではなく、読者の皆さんを脅すためでもありません。私がお伝えしたいのは、**疑問に思うことは徹底して質問をしてほしい。そして、常にイニシアチブを持って進めてほしい**ということです。

それは、他でもない、事業主である「貴社」のためです。

戦略を検討する上で、完璧な判断をすることは困難です。失敗から学ぶ他ないようなこともあるでしょう。しかし、疑問に感じたことは、流さずに、社内外問わず徹底的に確認を行う必要があります。

たとえ相手から「業界常識」と言われたとしても、理解できない内容を、無理して飲み込む必要はないのです。

07 戦略検討時の注意点 ②「根拠を探る」

こちらも、まずは実際によく発生する事例を皆さんと共有したいと思います。こちらの事例に該当する多くの企業様の相談内容は、「KPI[※]の設定がわからない・未設定」というケースです。諸事情があって、立ち上げを優先してしまった企業様などでよく発生します。

※ KPI：Key Performance Indicator の頭文字。日本語に訳すと重要業績評価指標。戦略の一部テーマでもある「指標」。

マーケティング活動を展開する上で、数値の定点観測は重要業務の1つです。次ページの表を確認して、課題を検討してみてください。

集客経路	5月			
	訪問数	ページビュー	会員登録	購入数
広告A	30,000	45,000		
広告B	80,000	104,000		
施策X	15,000	30,000		
自然	20,000	34,000		
合計	145,000	213,000	4,650	416

会員登録率：4,650÷145,000×100%＝3.20%
購　入　率：416÷4,650×100%＝8.94%

※集客経路の自然は、資金を投資せずに自然と集まる訪問者です。

⇨ この表からクライアント様が導き出した課題は以下です。

- 購入数が少ない。
- 会員登録からの購入率は8.94%と高い。
- 訪問数に対して、会員登録率が3.20%と低い。

▶導き出された改善方針は「会員登録率を上げる」

　皆さんは、この数値と改善方針を、どう思われるでしょうか？「広告A・B」には資金が、「施策X」には人件費が投入されています。いろいろな「？？？」が浮かび上がったかと思います。

　詳細な数値の把握が可能になると、次のようになります。

集客経路	5月				CVR
	訪問数	ページビュー	会員登録	購入数	
広告A	30,000	45,000	300	9	0.03%
広告B	80,000	104,000	1,600	32	0.04%
施策X	15,000	30,000	750	75	0.50%
自然	20,000	34,000	2,000	300	1.50%
合計	145,000	213,000	4,650	416	0.29%

表の右端に「CVR」という項目を追加しました。CVRとは、サイト訪問者数のうち、何％の人がCVに至ったかの割合でしたね（CV数÷訪問数）。確認すると広告A・BのCVRが異常に低いのがわかります。ここまで低い場合、おおよそ次のような原因が想定されます。

1. 広告A・Bそのものが、価値がないに等しいものだった
2. 広告A・Bは、そもそも購入者の集客には不向きだった
3. 集客後のサイト側に大きな欠点がある
4. 市場での競争力が著しく低い
5. 広告A・Bは、正しく設定（or計測）できていなかった

　この中から、どのように判断すれば良いか？ ですが、私なら1〜5までを次のように推測します。

1と2：前例を調査することで確認できる
3と4：集客経路の「自然」のCVRは1.50%と、そこまで低くないので、3と4が原因である可能性は低い
5：テスト注文で確認可能

　まとめますと、広告A・Bに関する情報不足、または投資目標の設定不足ということになります。
　このような事象を未然に防ぐために、広告A・Bが投資するに値するという具体的な「根拠」を、戦略設計段階で明確に持っておくことが重要です。
　根拠を探る際には、「他社事例の情報」や、実際に広告投資を行った場合の「試算・予測」を要求し、提示された情報を深く掘り下げるのもひとつの方法です。相手との会話の頻度を増やすことで、判断に必要な材料が揃う場合もあります。

　限られた経営資源を適正に配分するには、正しい選択と絞り込みが重要です。そのためには、**自助努力でコントロールできる領域と、できない領域を理解しておく必要があります。**

　平たく言えば、自社の努力ではどうにもならないところからはすぐに手を引いて、努力次第でどうにかなる領域へ投資を厚くするということです。まず、次の売上構成式を確認してください。

【 広告を利用した際の売上構成式 】

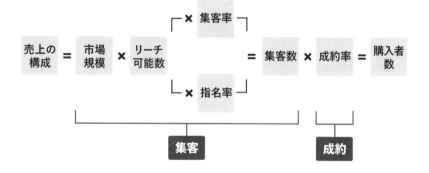

　この計算式の各構成要素は、企業努力や経営資源によってコントロールの可否があります。一例として「資金力」によってコントロール可能な構成要素を確認していきましょう。

「売上」の構成要素の1つ目の特徴は、市場規模や競合などの外部環境によって大きく左右されるという点です。

　では、市場規模そのもののサイズを「資金力」でコントロールすることは可能でしょうか？ 資金力だけでは、どうにもならないですよね。つまり、資金力だけで「市場規模」はコントロールできないという判断になります。

　次に、自社製品を伝えるために「接触数」や「リーチ可能な数を増やす」という観点では、どうでしょうか？ 資金力があれば、リーチする数を増やすことは可能です。従って、「資金力」により「リーチ可能数」はコントロールできるということになります。

　では、次に1,000万人へ広告を介してリーチしたとします。実際にサイトに集まってくれる確率（広告のクリック率など）である「集客率」はどうでしょうか？ この「率」に関しては、資金力だけではどうにもなりません。

　また、資金を投入し続ければ、自社を知ってもらう機会は増え、企業名や製品名を指名する顧客の確率は高くなります。要するに「指名率」に関しては、資金力でコントロールできるということになります。

　次に、サイトに集客した後に「どれくらいの人に購入されるか」という「成約率」はどうでしょうか？「買いたい！」という意欲を資金力でコントロールできるのか？ ということになりますが、これは資金力ではどうにもなりません。

　ここまでが、『購入』までの構成要素に対して、「資金力」がどこまで影響を与えるのかという内容になります。

　続いて、リピートについても確認しましょう。

【 リピート売上の構成要素 】

リピート率に関しては、資金力ではどうにもならないのはご想像の
とおりです。同様に顧客の「熱狂率」に関しても、コントロールする
ことはできません。

このように、「企業努力」や「資産」によってコントロール可能な
領域というのは限定されています。

つまり、限られた経営資源を上手に配分するためには、コントロー
ル可能な領域に注力することが重要なのです。

この内容を整理したのが、次の「戦略構築マップ」です。

【 集客の指名率 】

	集客				成約	リピート
	市場規模	リーチ可能数	集客率	指名率	成約率	リピート率
資金力	×	◎	×	○	△	×
製品コンセプト	×	×	○	○	△	×
関連施策の改善		△	○	△	◎	○
企業・製品への愛着	△	×	◎	◎	◎	◎

※◎○△×は縦軸の４つの要素の「影響度合い」を表しています

指名率とは、
対象顧客が企業（名）やブランド（名）を指名する率のこと。
企業や製品（ブランド）への愛着が高いほど、指名率が上がります

上の表の左の縦軸は、次のとおり企業努力のテーマです。

- **資金力**：マーケティングへ投じる資金力が与える影響
- **製品コンセプト**：製品企画やコンセプトが与える影響
- **関連施策の改善**：集客・成約・リピート各施策の改善による影響
- **企業・製品への愛着**：貴社製品でなければ絶対に無理、という顧客
  との関係性が与える影響

そして横軸は、先ほどご紹介した計算式の売上構成式の各要素です。「集客率」「成約率」などに関しては、テストを繰り返すことで改善されていくため〈関連施策の改善〉は、○や◎となっています。

　一方、〈企業・製品への愛着〉を強く抱いてもらった状態は、「集客率」「指名率」「成約率」「リピート率」「熱狂率」など、あらゆる要素への影響度が高い〈最強の武器〉のため◎となっています。

　このように、自社が注力すべきテーマを「どこに絞るのか？」を戦略段階でしっかりと定めることで、経営資源を効果的に活用できるようになります。

　以上が、本章のテーマである「戦略」検討時の「注意点」です。

　弊社では、こうしたことは当たり前のように習慣化されています。はじめて取り組む方でも、ご紹介した３つの注意点を意識して戦略を検討していただくことで、無駄や無理のない、根拠ある正しい戦略を構築できるようになります。ぜひ挑戦してみてください。

Chapter 4

売上試算

　本章のテーマである「売上試算」は、前章でご紹介した「戦略」で策定した方針・施策を実行して得られる成果を、具体的に試算する作業です。

　くどいようですが、デジタル・Web マーケティングの構造は、油断すると無駄な投資を続けた挙句、なかなか成果が得られずに不安と焦りに襲われ、結果、誤解だらけの認識を持ってしまって、最終的には精神的に不安定な状況に陥ってしまうという場合も多々あります。

　そうならないためには、どのような時でも、何があっても、**周囲に振り回されることなく、事業主が主導権を握って、計画と現在地点（結果）を客観的に振り返ることができる、いわば事業運営の「地図」が必要です。この地図の役目を担うのが「売上試算」です。**

　自社が描いた地図を手に、「悪い結果の時は、悪い要素を洗い出せる」「良い結果の時は、良い要素を把握できる」という健全な状態を維持するためにも、売上試算の組み立て方を 1 つずつ共有していきましょう。

01 マーケティング運用現場の流れ

「売上試算」の具体的な内容に入る前に、マーケティング現場の運用がどのように行われているのかという共通認識を持った上で、本題に入っていきたいと思います。

下に示した図が一連の流れになります。

戦略で策定した「集客・成約・リピート」の各施策が実施され、その結果が出ます。結果に対して、自社の指標（詳しくは次章にて）を基に、合否の判断が行われ、停止・改善へと、各施策の方針が再設定されます。

【 マーケティング施策と運用イメージ 】

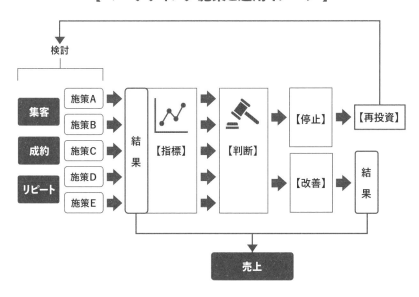

具体的には、このような一連の流れが何度も繰り返し運用され、各施策の積み重ねが「売上」となります。

「売上試算」は、こうした施策単位の売上を具体的に試算し、施策単位での結果を把握し、現状の良し悪しを俯瞰して確認する「物差し」の役割を担います。

　それでは、早速、具体的な内容に入っていきます。

02 基本構成

　売上の構成は、柱である集客・成約・リピートの各施策の積み上げですが、売上試算を組み立てる際は、**売上を「新規」と「リピート」に分解します。分解する理由は、マーケティング活動における各施策や分析などの精度を高めるためです。**

　次の図をご確認ください。

【 売上の基本構成 】

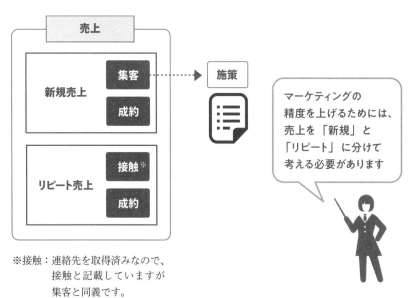

※接触：連絡先を取得済みなので、
　　　　接触と記載していますが
　　　　集客と同義です。

図に記載のある「新規売上」とは、1回目の購入者（新規顧客）だけで構成される売上です。その下の「リピート売上」は、2回以上の購入者で構成されます。

　新規顧客とリピート顧客に対する施策は、それぞれ異なります。

　新規顧客向け施策であれば、対象顧客と出会う方法（集客）の選択から始まります。

　一方、リピート顧客向けの施策の場合は、一度購入いただいている顧客が対象となるため、メールや住所など連絡先を把握している状態なので、（連絡の許可をいただけていれば）メールやDMといった連絡手段を考え、製品やサービスの再提案やフォローなどを展開します。

　このように、新規とリピートでは施策が異なるため、分けて管理することが大切です。

03 新規売上を試算する

　それでは、早速売上試算の作成について、共有していきます。次ページの表は、新規売上試算（単月）のサンプルです。

　大項目としては「集客」と「成約」に分かれます。

　どこから、どれくらい集客して成約につなげるのかを、施策単位で分類し、試算します。

集客：無料・有料に分け、自然検索・自社SNSなど、経路別に訪問数が記載されています。訪問数は「無料経由10万5,000人」「有料経由24万5,000人」です（自然検索とは、Googleなどの検索エンジンのこと）。

成約：集客経路別に、新規顧客の獲得数が記載されています。獲得数は「無料経由625人」「有料経由2,047人」です。経路別に記載がある「％」はCVRで、訪問数×CVR＝獲得数です。

【 新規売上試算（単月）のサンプル 】

集客	サイト訪問数		350,000	
	無料　小計		105,000	
		自然検索	100,000	
		自社 SNS	5,000	
	有料 広告媒体　小計		245,000	
		媒体 A	100,000	
		媒体 B	65,000	
		媒体 C	80,000	
成約	新規顧客　獲得数		2,672	0.76%
	無料　小計		625	0.60%
		自然検索	600	0.60%
		自社 SNS	25	0.50%
	有料 広告媒体　小計		2,047	0.84%
		媒体 A	950	0.95%
		媒体 B	553	0.85%
		媒体 C	544	0.68%
	前月　新規顧客合計		1,300	
	過去（直近3カ月）　新規顧客合計		5,300	
新規売上			¥16,032,000	
	顧客単価		¥6,000	

（CVR は成約欄の右列パーセンテージ）

新規売上：新規顧客の獲得数 2,672 人×顧客単価 6,000 円＝新規売上 16,032,000 円です。

　有料経由の集客試算は、Google や Yahoo! をはじめ、過去データを参考に調査することが可能な媒体が多いですし、広告代理店などに要求することで比較的容易に作成できます。
　一方、無料経由の集客は、現在・過去のデータを参考に試算する以外に方法がありませんので、自社管理で決定します（データ取得方法等は 138 ページの QR コードにてご確認ください）。

どこから、何人を集客して、集客経路別にどれくらいの CVR を見込んで、CV 数を獲得するのか？ については、左のサンプルのような形で試算を行います。新規売上の試算は、これで完成です。

続いて、リピートの試算を確認していきます。

04 リピート売上を試算する

まずは、下の表を確認してください。

【 リピート売上試算 （単月） のサンプル 】

リピート		1,474	
	「前月」新規顧客リピート施策	390	30.0%
	「過去」新規顧客リピート施策	196	3.7%
	自然 既存顧客	555	
	広告リピート施策	333	3.0%
リピート売上		¥11,055,000	
	顧客単価	¥7,500	

（3.7%〜3.0% の右に「CVR」の表記）

リピートには、3 つの観点があります。

1 つ目が、前月獲得した新規顧客のリピート。2 つ目が、これまで獲得した新規顧客のリピート。3 つ目が、他のリピートです。

1 つ目も 2 つ目も、「戦略」の章で共有した「2 回目の購入」を重視した試算です。

製品やサービスによっては、これからご紹介するような試算ができないケースもありますが、基本的な考え方として押さえておいてください。

それでは、詳細を確認していきます。

「前月」新規顧客リピート施策：前月の新規顧客に対して、リピート施策の CVR が 30％、成果が 390 人となっています。

【「前月」新規顧客リピート施策 】

「過去」新規顧客リピート施策：これまでのリピート施策で 2 回目の購入につながらなかった新規顧客への施策結果です。一般的には過去 3 ～ 6 カ月以内の新規顧客に注力することが多いです。

【「過去」新規顧客リピート施策 】

自然 既存顧客：特に対象顧客を考慮した施策ではなく、自然とリピートしていただける顧客です。メールマガジンなどルーティーン化された施策を含める企業もあれば、分ける企業もあります。

【 自然 既存顧客 】

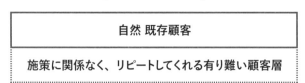

広告リピート施策：広告利用で接触した訪問数に対して CVR 3 ％、最終的な成果が 333 人となっています。

【 広告リピート施策 】

リピート売上：リピート顧客の獲得数 1,474 人×顧客単価 7,500 円＝11,055,000 円です。

【 リピート売上 】

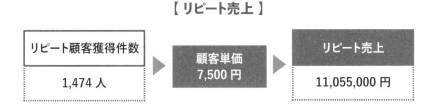

単月売上合計：

新規 16,032,000 円＋リピート 11,055,000 円＝ 27,087,000 円です。

　リピート売上も新規売上と同様に施策単位で試算します。新規売上と同様に、リピートのどこに注力して、どれくらいの成果を計画するのかを試算します。カンタンですね！

2 STEP サイトの売上試算

　最後に、サイト運営の目的が、購入などの完結型ではなく、資料請求や問い合わせをゴールとした場合の売上試算を確認していきます。
　下の表を確認してください。

【 非完結型サイトの売上試算 (単月) のサンプル 】

資料請求／問い合わせ数

成約	新規顧客　獲得数		169	1.02%
	無料　小計		55	0.79%
		自然検索	30	1.00%
		自社 SNS	25	0.80%
	有料 広告媒体　小計		114	1.19%
		媒体 A	50	1.00%
		媒体 B	26	1.30%
		媒体 C	38	1.50%
	前月　新規顧客合計		150	
	過去 (直近3カ月)　新規顧客合計		480	
商談			84	10.51%
	無料		14	25.45%
	有料媒体		23	20.18%
	前月　新規顧客合計		23	15.33%
	過去 (直近3カ月)　新規顧客合計		24	5.00%
商談成約			20	23.81%
	無料		6	42.86%
	有料媒体		5	21.74%
	前月新規 + 過去新規 (直近3カ月)		9	19.15%

　基本的には、ここまで共有してきた内容と同様です。サイトで完結しない 2 STEP サイトの場合、最終成約 (売上確定) までのステップを試算に追加します。

サンプルのケースですと、問い合わせ → 商談 → 商談成約（最終成約）となり、それぞれを試算項目として設定します。

　それでは、同じように詳細を確認していきましょう（集客は同じなので割愛します）。

成約： サイトの役割が顧客からの「資料請求」や「問い合わせ」なので、それぞれの数となります。同様に経路別に CVR が記載されています。
商談： 資料請求後、商談できた件数です。同じく経路別の CVR（商談率）が記載されています。
商談成約： 商談後の契約完了件数です。

　以上となります。基本的には Web 完結サイトと考え方は同じです。リアルで発生している項目を掲載し、それぞれの施策単位で試算を行います。

　以上が「売上試算」になります。

　売上試算がない状態では、各施策の結果を手にした際、どの領域が良くて、どの領域が悪いのか？ が曖昧なため、「修正点」と「リカバリー策」の検討時に迷走率が上がってしまいます。

　一方、売上試算がある状態であれば、事業全体を俯瞰した上で「方針転換すべき点」や「伸ばすべき領域」が明確になり、誰もが判断できるようになります。

「どうしたら売上が伸びるか？」と考え込む前に、まずは売上試算を作成しましょう！

法人向け企業が
個人向け EC 事業参入を検討

◇　◇　◇

　売上試算が貢献した事例を 1 つご紹介したいと思います。

　過去に、法人向け事業を展開されている企業様から、BtoC 事業の立ち上げについて可能性を探るべく「事業計画＆試算」を策定したいというオーダーがありました（商品開発は同時進行中でした）。

　そこで弊社では、売上試算に加え、市場規模、人員や広告費、物流経費などを追加し、単月・単年・3 カ年の事業収支を完成させました。

　収支の試算では、投資回収に 3 年、黒字転換するのが 4 年目という現実的な結論が導き出され、代表者の方へ提出しました。

　さて、代表者の方が、どのような結論を下したかというと……事業立ち上げの「断念」でした。

　この代表者の方の判断が正しかったのか、正しくなかったのかは、誰にもわかりませんが、1 つだけ良かったことがあります。それは、代表者自身の「投資回収」に対する考え方が明確になったことです。

　もし、収支計画もないまま何となくスタートしていたら、どうなっていたでしょうか？ 思い描いていた事業成長と結果が乖離していたら、それを埋め合わせるために想定外のエネルギーが必要になり、精神衛生上、不健康な人が何人も生まれていたと思います。

　コンサル費用は発生しましたが、事前に売上試算を作成したことにより「本気でやるべきか？」を自問自答されたのだと思います。

　弊社の商売的には、コンサル費だけで終わってしまったので残念でしたが、クライアント企業の代表者の方は、納得できる決断を下せたのではないかと、個人的には思っています。

Chapter 5

指標

　本章では、本書の重要テーマの1つである「指標」について解説します。本章を読んで得た知識を参考にしながら実践を重ねることで、皆さんの会社でも、**誰もが同じ基準で「正確な判断機能」を手に入れることができるようになります。**

　ここでいう**「正確な判断機能」とは、マーケティングの各施策の無駄を排除し、事業成長につなげる、意味のある投資にするための「指標」のことです。**

　本章では、単なる「指標」の用語解説や使い方・計算方法のみでなく、実際の現場で発生し得るケースのサンプルデータと、事業成長に直結する指標、およびその意味について共有していきます。

「指標」を辞書で調べると、「物事の価値基準となる要素を意味する言葉」とあります。要するに、マーケティング活動における指標とは、個々のマーケティング施策の価値基準といえます。

　では、なぜ「指標」が重要かというと、マーケティングにおいては、

大切な経営資源を投入した結果、事業に直結したのか？ という観点と、その結果として得られた知見を社内で標準化することが必要不可欠だからです。

　運用上、この「指標」を厳守すべきかというと、必ずしもそうとは言えない場合もあるのですが、基本として「判断基準が標準化されていない企業」は、かなり危険な状態にあるといえます。

　本章を通じて、最終的には皆さんの会社にとって「最適な指標」を採用していただければと思います。

　それでは早速ですが、前章の「売上試算」で共有した、「マーケティング運用現場」のイメージ図を思い出してみましょう。

【 マーケティング施策と運用イメージ 】

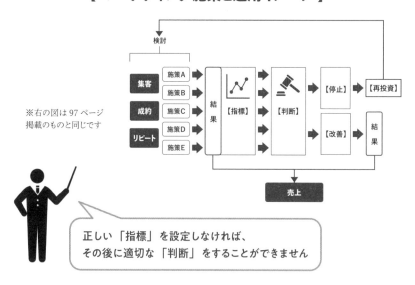

※右の図は 97 ページ
掲載のものと同じです

正しい「指標」を設定しなければ、
その後に適切な「判断」をすることができません

　各施策の結果に対して使用するのが指標です。ここが不明確な状態では、その後、「停止」「改善」「継続」のいずれを選ぶかの「判断」ができません。

会社によって、利益率、体制、マーケティング活動の目的、外部環境、重視すべきテーマなどは異なります。また、時期によっては、全く別会社のように舵を切る必要に迫られることもあります。つまり、「最適な指標」は会社や時期によって異なるということです。

　たまに、特定の指標をさして**「この指標は使うべき・使うべきでない」**などと断定して発信している書籍やコンサルタントの方がいますが、**これは大きな間違いです。**もし、自社の指標が、過去の経緯などによって何となく引き継がれている場合は、これを機会に一度見直してみてください。

　ちなみに、指標管理は非常に重要ですが、リソースを切迫させ、他の重要業務をないがしろにしてしまう、「重箱の隅をつつく」ような管理をするのは NG です。この点は要注意です。

　それでは、皆さんの会社に最適な「指標づくり」に向け、一つひとつ共有していきましょう。

01 正しい「指標」の設定・運用を 体得するために

　くどいようですが、「指標」は企業のマーケティング活動の無駄を排除し、意味のある投資に誘(いざな)う役割を担っています。つまり、正しい判断を下すためには、マーケティング施策の結果を正しく読み取る仕組みが必要だということです。

　そのためには、まずは複数存在する「基本的な指標」を理解する必要があります。これにより、数値の読み取り方に関して、複数の選択肢を持つことができるようになります。

　次に、「指標の正しい使い方」を体得しなければなりません。「正しい使い方」をするためには、マーケティング施策結果の「真実」を炙り出し、そこから得られた「指標」を正確な判断を下せるものに磨き

上げる必要があります。

　まずは、実際にあった事例をご紹介したいと思います。

《 事例 》 毒入りレポート

　真実を炙り出すことの重要性がわかる事例をご紹介します。

　一定の予算規模で広告を展開する段階になると、広告管理画面のレポート（CV 数）と、実際の受注件数が大きく乖離することがあります。下の図をご確認ください。

【 事例：広告管理画面のレポート合算値 】

管理画面の合算CV数＝**885件**

Google

内訳	クリック数	CV	CV率
GoogleShopping	55,243	484	0.88%
一般名詞	3,807	22	0.57%
合計	59,050	506	0.86%

Criteo

内訳	クリック数	CV	CV率
Criteo	31,043	379	1.22%
合計	31,043	379	1.22%

【 事例：実際の受注件数 】

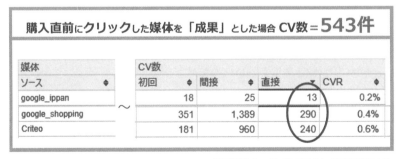

購入直前に**クリック**した媒体を「**成果**」とした場合 CV数＝**543件**

媒体		CV数			
ソース		初回	間接	直接	CVR
google_ippan	〜	18	25	13	0.2%
google_shopping		351	1,389	290	0.4%
Criteo		181	960	240	0.6%

※ 弊社測定ツール「DATAD」の管理画面より

左記の事例の場合、広告媒体 A・B の各管理画面の CV 数合算数値は 885 件でした。しかし、実際の受注件数は、543 件です。集計期間である 19 日の間に、342 件の誤差が生じました。

　どうして、このようなことが発生するのかといいますと、広告媒体ごとに「CV の取り合い」が起きているからです。

　皆さんも、普段、いろいろなネット広告を目にすると思いますが、1 つの会社の広告が何度も表示されることにお気づきでしょうか？ 連続で表示される広告や一定期間を置いて表示される広告など様々な配信方法があるのですが、これが誤差を生むのです。

　下の図は、購入者 X さんが広告媒体 A・B・C をクリックして購入したケースを図にしたものですが、これが誤差の答えです。

【 CV の誤差が生まれる原因 】

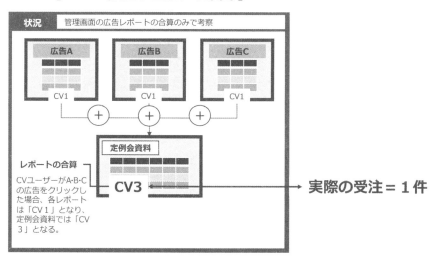

　X さんは商品を一度しか購入していませんが、広告媒体 A・B・C の管理画面を確認すると、各管理画面には CV が 1 件ずつカウントされます。

定例会などで 1 つのレポートにまとめる場合、合算された「CV3」
となってしまうのです。

　このような状態は、ネット広告を運用していると普通に発生するの
ですが、自社が主体的に指標を持ち、計測・判断をしなければ、こう
した「毒入りレポート」をベースに様々な意思決定を下すことになっ
てしまい、自ずと誤った判断が導き出されることになります。

　マーケティングに関与する私たちは、事業成長につながる「意味の
ある指標」を設定し、結果と照合する必要があるのです。

　ちなみに、こうした事例はアトリビューションという指標（あるい
は考え方）を用いて試行錯誤を行う必要があるのですが、詳しくは
「応用編」で共有します。

02 選択可能な「基本指標」

　まずは前述のとおり、複数存在する基本的な指標を共有していきま
しょう。指標の対象は、主に「集客」「成約」が中心となりますが、
成約に関しては、のちほどサイトのタイプ別（BtoC、BtoB、資料請
求、etc.）と共に確認をしていくので、まずは「集客」の指標から確
認していきましょう。押さえておくべき指標は、以前にも共有した（41
ページ参照）CPA、CPO、LTV、ROAS、ROI、CVR などです。

【CPA】資料請求や問い合わせなど、購入に関係すると思われる1件
　　　　のアクション（Action）に対するコストを指します。
　　　　例）100 万円の広告費 → 100 件の資料請求＝ CPA 1 万円

【CPO】1件の注文に対する発生コストを指します。
　　　　例）100 万円の広告費 → 50 件の注文＝ CPO 2 万円

【LTV】顧客が 1 回目の購入から、生涯を通じて（または一定期間）

自社でどれくらい購入してくれたかを判断します。

　　例）1月：新規購入（5,000円）　2月：2回目購入（1万円）

　　　11月：3回目購入（8,000円）＝年間LTV2万3,000円

【ROAS】 投資額と売上のリターン効率を指します。

　　例）100万円の広告費用 → 売上300万円＝ROAS 300%

【ROI】 ROASと異なり、利益の効率を指します。

　　例）100万円の広告費用 → 利益200万円＝ROI 200％

【CVR】 全体母数に対して、購入やアクションした人の比率です。

　　例）訪問者1,000人 → 購入者50人＝CVR 5%

　集客施策の結果に対する判断は、主に、このような指標を用いて合否判定を行っています。

　ただし、前にお伝えしたように、真実を炙り出すためには、これらの指標を表面的に使用するのではなく、正しく使う必要があります。次のテーマでは、指標を正しく使うための考え方から、具体的な使い方までを共有していきます。

03 真実を炙り出す「指標」 〜集客〜

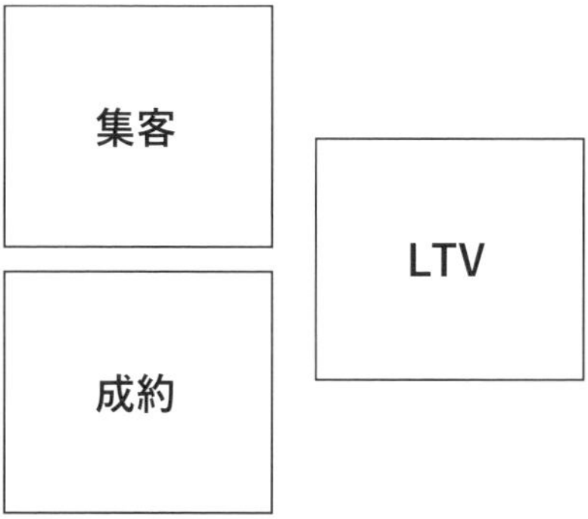

集客

LTV

成約

　マーケティング施策結果に隠れた「真実」を炙り出す指標を手に入れるために、まずは左の図を確認してください。

　マーケティングに従事する方の多くは、この図のように「集客」「成約」「LTV」といった重要な柱を平面で捉えてい

ますが、ここに問題があります。

　実は、マーケティング現場での展開内容を考慮すると、真実を炙り出し、正しい判断を下すには、平面ではなく「立体的」に捉える指標設定が必要です。

「立体的」とはどのようなことなのか、具体的に「集客」から確認していきましょう。

◎ 集客の指標を立体的に捉える

　まず、集客（広告）には、顧客属性・配信場所などの様々な設計（内訳）が存在しています。

【 広告の構成要素は複数存在する 】

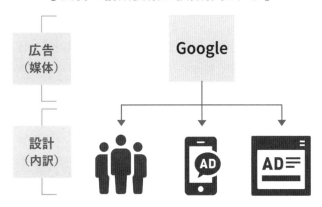

　右ページの図は、広告出稿を複数実施している企業をモデルにしたものです。目標となる売上を達成するために、複数の広告媒体に出稿しており、広告媒体ごとに設計（内訳）が存在しています。

　この図を上から見ると、右ページの下の図のようになります。実線が媒体単位で、点線が設計（内訳）単位となります。

　ところが多くの企業は、ひどい場合ですと集客全体の評価だけで終わらせていたり、もう一歩頑張っている企業でも媒体単位までしか指標設定していなかったりという場合がほとんどです。

　実際には、点線のように集客が実施されているにもかかわらず、点線（設計・内訳）単位での指標設定が行われていないのです。

　では、具体的に、どのような指標設定が必要なのか確認していきましょう。

◎ 集客の真実を炙り出す：概念

　真実を炙り出すためには、**項目や情報を表面的な把握で終わらせてはいけません。**

　可能な限り、掘り下げた指標設定が必要です。具体的な事例をベースに、いくつか確認していきましょう。

　下の表は、集客指標を CPO 1 万円に設定している企業の事例です。

《 表 X 》

	クリック数	CV 数	CVR	投下費用	CPO
広告媒体 A	150,000	975	0.65%	¥9,500,000	¥9,744
広告媒体 B	80,000	320	0.40%	¥4,000,000	¥12,500
広告全体	**230,000**	**1,295**	**0.56%**	**¥13,500,000**	**¥10,425**

　表 X を確認すると、広告全体は CPO 10,425 円なので、指標の CPO に近いですね。広告媒体 B は CPO 12,500 円で、A よりも CVR が 0.25% 悪いので、ここが改善されればさらに全体が良くなりそうです。

Chapter

5

指標

それでは、広告媒体 A・B を掘り下げて確認してみましょう。
下の《表Y》です。

《表 Y》

	クリック数	CV 数	CVR	投下費用	CPO
広告媒体 A	150,000	975	0.65%	¥9,500,000	¥9,744
内訳1	50,000	425	0.85%	¥1,500,000	¥3,529
内訳2	70,000	490	0.70%	¥3,000,000	¥6,122
内訳3	30,000	60	0.20%	¥5,000,000	¥83,333
広告媒体 B	80,000	320	0.40%	¥4,000,000	¥12,500
内訳1	20,000	200	1.00%	¥1,000,000	¥5,000
内訳2	60,000	120	0.20%	¥3,000,000	¥25,000
広告全体	230,000	1,295	0.56%	¥13,500,000	¥10,425

　指標 CPO 1 万円を大きく上回っているのは「媒体 A」の「内訳 3」で、CPO が 8 万 3,333 円、CVR は 0.20％、投下費用が 500 万円で CV 60 件です。

　この「内訳 3」は、**広告費全体の 37%を投資しながら、CV 数は全体の 4.6%です**。ちなみに、広告媒体 A の内訳 3 を停止した場合、全体の CV 数は 60 件減少しますが、**指標 CPO 1 万円を大きく下回る CPO 6,883 円となり、500 万円の予算が余ります**（次表参照）。

広告全体	200,000	1,235	0.62%	¥8,500,000	¥6,883
		↓ 60		↓ ¥5,000,000	

　このように、表面的な数値では広告媒体 B の改善が必要に見えますが、実際は媒体 A の内訳 3 に課題があることがわかります。

　媒体 A・B ともに内訳単位で指標を設定しておくことで、不適な投資先が明確になり、さらなる一手が無限に広がるのです。

実際の現場で生じる例を共有します。GoogleやYahoo!のリスティング（検索連動型）広告（173ページ参照）であれば、検索ワード別に指標を分類・細分化します。詳細はのちほど確認しますが、購入率が高い「顕在顧客層」が検索するキーワード群、例えば、釣具のEC企業であれば「ダイワ（ブランド名）＋リール（カテゴリ名）＋通販」など、商品名を指定するまではいかないものの、具体的な商品を探しているユーザーや、すでに購入する商品名を指定している指名ワード群なども指標を分けて管理します。

　また、購入率は低くなりますが、母数を広げるために「潜在顧客層A・B」を狙う一般ワード（釣具＋通販）なども、指標と成果を分けて管理する必要があります。

【 対象者のグループと市場規模イメージ 】

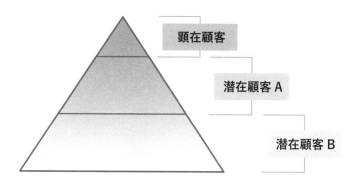

　リスティング（検索連動型）広告に限った話ではなく、他の広告なども同様に、詳細単位で深く掘り下げて指標を設定し、判断することが重要です。

　それでは、真実を炙り出すための、具体的な3つの管理項目を共有していきます。

◎ 集客の真実を炙り出す① 「指名顧客」

　指名顧客は、企業名や製品名を Google や Yahoo! などの検索エンジンから指名して訪れるユーザーを指します。対象となる媒体はリスティング（検索連動型）広告です。

　早速、具体的に確認していきます。

【 Google 検索広告のレポート（イメージ）】

	クリック数	CV 数	CVR	投下費用	CPO
G 検索	60,000	930	1.55%	¥7,500,000	¥8,065

　上の表は Google 検索広告（以下 G 検索）のレポートだとイメージしてください。CVR 1.55% で CPO 8,065 円となっています。仮に G 検索全体の指標を CPO 9,000 円で設定しているとしましょう。こちらの内訳を確認してみます。

【 Google 検索広告のレポートの内訳（イメージ）】

	クリック数	CV 数	CVR	投下費用	CPO
G 検索	60,000	930	1.55%	¥7,500,000	¥8,065
一般	50,000	250	0.50%	¥5,500,000	¥22,000
指名ワード	10,000	680	6.80%	¥2,000,000	¥2,941

　ご覧のように、一般ワードと指名ワード（以下、一般・指名）を分けて結果を確認すると、一般の CPO が大きく足を引っ張り、指名の効率が非常に良いです（指名は、CVR が高くなる傾向が強い）。

　ここまで大きな開きがあるにもかかわらず、G 検索という全体の把握だけで終わらせてしまっていては、打つ手が閉ざされてしまいます。つまり、G 検索という全体指標から一歩踏み込み、「一般」と「指名」を分けて設定するのが正解です。

　なお、指名顧客が一定数存在するのは、長年の企業活動の積み重ねや、ネット以外のオフライン媒体、その他販促活動など様々な要素が

入り混じった「企業努力の結果」ともいえます。そうした要素を明確化するためにも、「G検索」という全体指標の設定で終わらせず、細分化した指標を設定して評価することが望ましいのです。

◎ 集客の真実を炙り出す②「曜日・時間」

多くの人が「平日と週末」「朝・昼・晩」の活動が異なるように、広告配信も人々の生活に成果が連動します。次の表は、平日・土日の違いによるサンプルです。

【 平日・土日のレポートサンプル 】

	クリック数	CV数	CVR	投下費用	CPO
平日	35,000	298	0.85%	¥4,500,000	¥15,100
土日	20,000	60	0.30%	¥2,000,000	¥33,333
合計	55,000	358	0.65%	¥6,500,000	¥18,156

事業内容や取扱商品によって異なりますが、実際に、サンプルのように平日と土日のCPOに3倍くらいの開きが生じることがよくあります。こちらのサンプルですが、仮に全体指標のCPOを1万6,000円と設定しているとしましょう。

土日が大きく足を引っ張っていますので、土日を停止する。または、土日の指標を2万5,000円に設定するなどを試みます。平日・土日の他にも早朝・朝・昼・夕方・夜・深夜といった「時間帯」という切り口で確認すると、数値の動き方や傾向を摑むことが可能です。まずは、平日と土日の指標を分けたうえでスタートすることを推奨します。

◎ 集客の真実を炙り出す③「興味・関心・性別」

少し前に共有したように、多くのネット媒体では、媒体各社が分類している「趣味・嗜好」といった属性グループへの広告配信が可能です。この属性グループは、媒体各社の所有データを基に分類されており、ベースとなるデータは各社異なりますが（媒体同士で共有してい

るケースもある）、サイトやページなどの訪問・閲覧、「いいね」など、様々な行動データや推測を基に分類されています。

　実際の運用では、性別・属性グループ別にデータを確認してみると、はっきりと傾向が異なっている場合があります。

　先ほどと同じようにサンプルデータを確認してみましょう。こちらのデータは、金融系企業の例です。

【 男女のレポートサンプル 】

配信区分	クリック数	CV数	CVR	投下費用	CPO
男性	7,300	244	3.34%	¥3,400,000	¥13,934
女性	8,000	270	3.38%	¥3,300,000	¥12,222

	配信区分	クリック数	CV数	CVR	投下費用	CPO
男性	ビジネス	2,500	64	2.56%	¥1,200,000	¥18,750
	フィットネス	2,200	63	2.86%	¥1,100,000	¥17,460
	金融	2,600	117	4.50%	¥1,100,000	**¥9,402**

	配信区分	クリック数	CV数	CVR	投下費用	CPO
女性	ビジネス	2,700	149	5.52%	¥1,100,000	**¥7,383**
	フィットネス	2,800	59	2.11%	¥1,200,000	¥20,339
	金融	2,500	63	2.52%	¥1,000,000	¥15,873

　上のデータは、男女共に興味・関心を「ビジネス・フィットネス・金融」の３つのグループに分けており、各グループほぼ均等に配信されている前提となっています。結果としては、**男性は金融、女性はビジネスが、それぞれCPOが抜群に良いのがわかります。** このように属性グループによって数値が大きく異なるケースがあるため、属性を分けて配信する際は「指標の細分化」を検討する必要があります。

　最後に、実践を想定した補足をひとつ。実際の運用においては、属性グループは常に変化・更新されるため、効率の良し悪しは、毎月異

なる場合もあります。安定していた効率の良いグループが、突如として悪化することも珍しくありません（逆もしかり）。従って、属性グループに関しては、短期的に一喜一憂せず、多少はアバウトな感覚を持つことをお勧めします。

　以上が、集客の真実を炙り出す３テーマとなります。他にデバイス別などもありますが、こちらは「集客の改善」テーマで触れますので、指標に関しては、まずは最低限この３つの指標設定から実施してみてください。

◎ 原体験から得た「真実を見ようとする本能」

　少し話が脱線しますが、指標について、どうしてもこだわりたい自分の感情に気づきました。その理由の１つに、私の原体験があります。

　実は、私が大学３年生の時、父の会社が倒産しました。倒産理由はいろいろあるのですが、倒産前後の時期は、連帯保証人やサラ金をローラーしての資金繰り、倒産後の現実などいろいろな経験から多くを学ぶことができました。トラウマに悩んだ時期もありましたが、今となれば何もかも大きな糧となっています。

　人はお金がない状態になると、金利や後のキャッシュ・フローなどを考えず、目先の資金調達だけに走ってしまいます。冷静に考えることができれば、自分を守るための「計算や試算」「判断」などができるのですが、窮地に立たされると冷静さを欠いてしまうのです。感情に支配されてしまうと、小学生でもわかるような計算ができず、誤った判断をします。この時の経験で、私は人の感情を制御することの難しさを知りました。

　私は、この個人的な経験が、初めてマーケティングデータに触れた時に活かされた「感覚」を今でも覚えています。ある時、マーケティング活動の結果（数値）に対して、無意識に「この数値は本当なのか？」「違った読み取り方はないのか？」「付帯条件・前提条件は？」という感覚が自動的に発動したのです。

それ以来、表面的な数値と全く異なる「事実」を発見する場面に幾度となく遭遇してきました。

実際に事例でご紹介したように、マーケティング現場では、不正確な数値と気づかずに議論が進行することが少なくありません。その原因は、前述したように、委託している外部パートナーや社内の担当者などではありません。デジタルマーケティングの構造を含めた「環境そのもの」に原因があるのです。

従って、「数値報告を受ける人」が正しい指標を軸に、正確な判断機能が持てるように、組織として環境を整備することが不可欠なのです。

04 真実を炙り出す「指標」 〜成約〜

続いて成約の指標です。こちらの指標は、サイト・ページが対象です。マーケティングの最重要テーマは「CV数増加」なので、CV数に関係する指標を正確に捉えるための指標設定を行うことが重要です。早速、確認していきましょう。

◙ 成約の指標を立体的に捉える

次ページの図は、リピート受注が発生する企業をモデルにした図です。目標となる受注件数を達成するために、新規・リピートと、それぞれの訪問数・成約率がCV数を構成しています。

集客の項で示した図と同様、同じ図を上から見てみましょう。すると、点線で示したとおり新規とリピートに分かれています。

成約に関しては、リピート商材を取り扱う大半の企業は、新規・リピートを分けて指標を設定していますが、集客同様に大雑把な指標設定、評価で終わらせている企業も少なくありません。実際には点線のような実態にもかかわらず、立体的に指標設定が行われていないのです。

「成約」についても、「集客」の時と同様に基本的テーマから共有をしていきます。

　まず、サイト・事業の状態が、極端に変化していないかといった真実を把握するために「訪問数とCVR」「新規とリピート」の2つの指標を共有します。マーケティング施策に何かしらの原因がある際は、この2つの指標から絞り込みが可能になります。

　それでは、確認していきましょう。

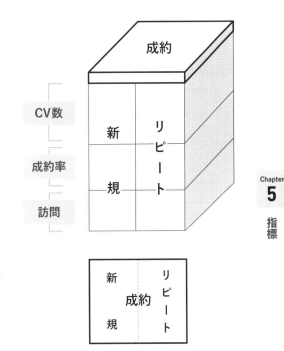

◉ 成約の真実を炙り出す① 「訪問数とCVR」

　訪問数とCVRは成約数の源泉です。これらの項目を「自然流入」（非広告）と「広告流入」の2つの軸で設定し、結果と照合します。

　自然流入の主力は、各種SNS、検索エンジン、メルマガです。次の表のように、全体と主力経路を中心に「訪問数」と「CVR」で指標を設定し、結果と照合します。

【 自然流入の主力は3つ 】

経路	訪問数	CVR	CV数
各種SNS	5,000	0.80%	40
検索エンジン	7,000	1.50%	105
週1回メルマガ	3,500	1.80%	63
全体	**15,500**	**1.34%**	**208**

仮として、全体の指標を訪問数 15,000、CVR 1.5％、CV 数 225 と設定していたとします。サンプルの全体は、CVR・CV 数が若干の指標未達となります。

　実際の運用イメージとしては、全体の指標を各経路に均等に設定するのではなく、経路別の特性（CVR が弱い・強いなど）を考慮して、経路単位で指標を設定することが望ましいです。

　次に、広告経由の場合ですが、次の図をご確認ください。

【 ネット広告経由の管理はページを軸に 】

	訪問数	CVR	CV数
専用LP	20,000	1.37%	274

経路	訪問数	CVR	CV数
広告 A	6,000	0.80%	48
広告 B	9,000	1.50%	135
広告 C	5,000	1.82%	91
合計	20,000	1.37%	274

「専用 LP※」と記載しているように、広告をクリックした後の飛び先（集客ページ）を軸に管理します。集客指標では「媒体単位」で指標を設定しましたが、**成約では「広告で使用するページ単位」で管理を行います**。

※ LP：Landing Page の略。直訳すると「着地ページ」で、広告などの誘導先として専用に制作されたページのことを指します。

　仮に、専用 LP の全体指標を CVR 1.4％で設定していたとします。

　経路 B・C は、指標を達成していますが、A が大きく下回っています。同じページに集客しているので、広告 A に課題がありそうです。

　このような場合、広告 A をすぐに切り捨てるという判断もひとつの方法ですが、広告 B・C と広告 A の対象者の属性データ（年齢、性別、趣味・嗜好など）の違いを調査し、調査結果次第では「LP 側で

改善することはないか？」といった、可能性を追求することもまた、
ひとつの選択肢です。

　このように、次の一手を検討することが可能な点も、この指標の利
点の１つです。ちなみに、本来は直帰率も項目に入れるべきですが、
GA（Google Analytics）の新バージョン「GA4」からは、測定不能
となるので削除しています。

　GA を用いた測定方法は、後述していますので、のちほどご確認く
ださい。

◎ 成約の真実を炙り出す②「新規とリピート」

　２つ目は、冒頭で共有した「新規」と「リピート」の指標設定です。
多くの企業の売上構成は、新規とリピートで成立しているため、この
２つの軸を成約指標として採用することで、事業上の課題を早期に把
握することが可能になります。

　運用イメージは至ってシンプルで、次の表のとおり、新規・リピー
トをそれぞれ、訪問数・CV 数・CVR で指標設定した後、結果を確
認します。

【「新規」と「リピート」だけでよいのでザックリ確認 】

	訪問数	CV数	CVR
新規	25,000	200	0.80%
リピート	12,000	216	1.80%

　以上が、集客・成約の真実を炙り出すための指標となります。

　続いてのテーマは、「マーケティング投資が事業成長に貢献したの
か？」「意味のある投資だったのか？」を判別する、「LTV」に関する
指標です。ここまでの内容から、さらに一歩踏み込んでいきます。

　さっそく、確認していきましょう。

05 事業成長に貢献したのかを判定する指標

　ここからは、「マーケティング投資が事業成長に貢献したのか？」を判定する指標を、マーケティング活動の３つの柱「集客」「成約」「LTV（リピート）」の関係を考慮しながら確認していきます。

　多くの企業は、この「**３つの柱**」を切り離して評価していますが、**実際はそれぞれ密接に関係しているため、指標を分けて設定しているだけでは不十分なのです。**

　次の図１は、３つの柱が分離した解釈イメージです。マーケティング活動を展開していく過程で、多くの方は図１のように「集客の成果は？」「成約（率）は？」「LTV（リピート率）は？」と分けて結果を判定し、指標を設定して成果管理を行っています。

　ところが、実際は図２のように３つの柱は密接に関係しており、それぞれにLTVに関係する要素・領域が存在します。

【 図1：**３つの柱が分離** 】　　【 図2：**３つの柱は密接に関係している** 】

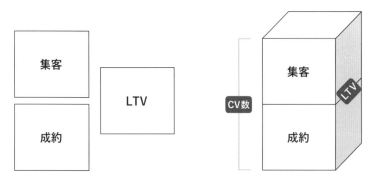

　売上については、図２のように立体的に捉える必要があります。「CV（購入顧客）数」は「集客×成約」によって決定するため、どちらかに大きな穴があればCV数は激減しますし、双方が完璧であれば結果は最大化します。

「LTV（リピート）」は、リピート施策によって結果が左右することもあるのですが、実は「集客・成約」の施策も、LTVに影響を与えるということを、理解しておく必要があります。

では、これらの概念をどのように指標として設定すればよいのか？という点ですが、完璧な指標ではありませんが、実際のマーケティング現場で多用される2つの指標があります。

◉ 事業成長に貢献した？ ①「経路別2回目CPO」

次の表1は、広告全体の数値です。集客で共有したサンプルに追加された、2回目の「顧客」「CPO」「転換率」という3項目を利用して、集客投資が2回目購入につながったか？を確認します。

【 表1：広告全体の指標（CPO）】

	投下費用	新規顧客	CPO	2回目顧客	2回目CPO	2回目転換率
広告全体	¥8,700,000	1,040	¥8,365	263	¥33,080	25%

広告全体での指標は、CPO 1万円。2回目CPO 2万円、2回目転換率50％で設定していると仮定します。確認すると1件あたりのCPOは合格ですが、2回目購入の転換率＝25％と、指標に届いていません（一般的にも低い結果）。

それでは、詳細を確認してみましょう。

【 表2：広告媒体A〜Eの新規顧客数とCPO 】

	投下費用	新規顧客	CPO
広告媒体A	¥1,000,000	130	¥7,692
広告媒体B	¥1,200,000	170	¥7,059
広告媒体C	¥2,500,000	180	¥13,889
広告媒体D	¥1,500,000	80	¥18,750
広告媒体E	¥2,500,000	480	¥5,208
広告全体	¥8,700,000	1,040	¥8,365

まずは、広告媒体Ａ～Ｅの新規顧客数とCPOを確認します。指標の
CPO 1万円の未達は、ＣとＤになります。Ｅは圧倒的に良い結果で
す（実際の広告レポートでは、このようなデータが出力されています）。
　では、Ａ～Ｅの2回目に関する結果を指標と照合します。

【 表3：「表2」に2回目顧客数と CPO を追加 】

	投下費用	新規顧客	CPO	2回目顧客	2回目 CPO	2回目転換率
広告媒体 A	¥1,000,000	130	¥7,692	52	¥19,231	40%
広告媒体 B	¥1,200,000	170	¥7,059	99	¥12,121	58%
広告媒体 C	¥2,500,000	180	¥13,889	50	¥50,000	28%
広告媒体 D	¥1,500,000	80	¥18,750	48	¥31,250	60%
広告媒体 E	¥2,500,000	480	¥5,208	14	¥178,571	3%
広告全体	¥8,700,000	1,040	¥8,365	263	¥33,080	25%

**新規顧客 CPO で最も良かった E は、2 回目購入では最も悪く（2
回目転換率 3%）、2 回目 CPO は 17 万円強という数値です。**

　新規 CPO では、足を引っ張っていた C・D よりも明らかに悪い結
果です。新規顧客獲得の効率が素晴らしく、喜んでいたのも束の間、
2 回目 CPO が、こんなに悪いとは……という、よくあるパターンです。
では、広告媒体 E を停止したらどうなるでしょうか？

【 表4：「表3」の「広告媒体 E」を停止した結果 】

	投下費用	新規顧客	CPO	2回目顧客	2回目 CPO	2回目転換率
広告媒体 A	¥1,000,000	130	¥7,692	52	¥19,231	40%
広告媒体 B	¥1,200,000	170	¥7,059	99	¥12,121	58%
広告媒体 C	¥2,500,000	180	¥13,889	50	¥50,000	28%
広告媒体 D	¥1,500,000	80	¥18,750	48	¥31,250	60%
広告全体	¥6,200,000	560	¥11,071	249	¥24,900	44%

表 4 が広告媒体 E を停止した理論上の数値です。仮で設定した指標の新規 CPO、2 回目 CPO は若干の未達ですが、**全体レポートでは、2 回目転換率が 25％→ 44％になりました**（顧客数は 263 → 249。14 件減少）。

このように、新規顧客獲得目的の広告投資の場合、媒体別 2 回目 CPO の指標を設定し、結果と照合すると、傾向を掴めることが多々あります。

特に、媒体 E のように「新規顧客の CPO が異常に良い」場合、サンプル（表 3）のように「顧客の質が低い」場合がよくあるので注意が必要です。

製品力がリピート率に影響を与えるのは間違いありません。ただし、**「2 回目購入は、製品力の問題が 100％」という偏った考えは『幻想』です。**

ご紹介したサンプルのように、質の低い顧客しか集められない媒体もありますし、初回購入の「特典欲しさ」で 1 回だけ購入する場合（売り方に問題あり）もあります。他にも、広告素材で期待値を膨らませ過ぎて、実際の製品とのギャップを強く感じさせてしまうケースなども、リピートにはつながりません。

新規顧客の獲得 CPO を下げようとするあまり、劇薬的な手法を選択し、リピートに負の影響を与えてしまうケースは、実際によくあります。このようなケースを回避するためにも、事業主が指標として「2 回目購入」も併せ持つことで、健全なプロモーション活動が実現できます。ぜひ、2 回目購入の指標を設定し、新規獲得手法や媒体の「集客の質」について確認するようにしましょう。

◉ 事業成長に貢献した？② 「経路別 LTV」

続きまして、「経路別の LTV」です。

【 表5：広告全体と LTV 】

	投下費用	新規顧客	CPO	半年リピ顧客	半年売上総額	半年 LTV
広告全体	¥8,700,000	1,040	¥8,365	195	¥13,397,500	¥10,848

こちらのサンプルでは、半年リピ顧客・半年売上総額・半年平均 LTV^(※) という３つの項目が追加されます。広告全体での指標は、半年 LTV １万 6,000 円で運用していると仮定します。

LTV の期間を半年で設定していますが、実際の運用現場では、製品や事業に応じて設定します。

※リピ：リピートの略です。
※半年リピ顧客：半年間、お買い上げいただいた顧客数です。
※半年売上総額：新規＋リピ売上の合計です。
※半年 LTV：半年間の総額（新規＋リピ）÷購入顧客数（新規＋リピ）

２回目 CPO と同様に、広告レポートは、以下となっています。

【 表2：広告媒体 A 〜 E の新規顧客数と CPO 】

	投下費用	新規顧客	CPO
広告媒体 A	¥1,000,000	130	¥7,692
広告媒体 B	¥1,200,000	170	¥7,059
広告媒体 C	¥2,500,000	180	¥13,889
広告媒体 D	¥1,500,000	80	¥18,750
広告媒体 E	¥2,500,000	480	¥5,208
広告全体	¥8,700,000	1,040	¥8,365

広告媒体 A ～ E の半年リピに関する 3 項目を確認します。

【 表6：広告単位の LTV 】

	投下費用	新規顧客	CPO	半年リピ顧客	半年売上総額	半年 LTV
広告媒体 A	¥1,000,000	130	¥7,692	44	¥2,665,000	¥15,316
広告媒体 B	¥1,200,000	170	¥7,059	74	¥4,292,500	¥17,592
広告媒体 C	¥2,500,000	180	¥13,889	33	¥2,268,000	¥10,648
広告媒体 D	¥1,500,000	80	¥18,750	42	¥2,392,000	¥19,607
広告媒体 E	¥2,500,000	480	¥5,208	2	¥1,780,000	¥3,693
広告全体	¥8,700,000	1,040	¥8,365	195	¥13,397,500	¥10,848

新規顧客 CPO で良かった E は、指標の半年 LTV 1 万 6,000 円を大きく下回っています。では、広告媒体 E を停止したらどうなるでしょうか？

【 表7：「表6」の「広告媒体 E」停止後の全体数値 】

	投下費用	新規顧客	CPO	半年リピ顧客	半年売上総額	半年 LTV
広告媒体 A	¥1,000,000	130	¥7,692	44	¥2,665,000	¥15,316
広告媒体 B	¥1,200,000	170	¥7,059	74	¥4,292,500	¥17,592
広告媒体 C	¥2,500,000	180	¥13,889	33	¥2,268,000	¥10,648
広告媒体 D	¥1,500,000	80	¥18,750	42	¥2,392,000	¥19,607
広告全体	¥6,200,000	560	¥11,071	193	¥11,617,500	¥15,428

上のサンプルが、E を停止した理論上の数値です。

広告全体では半年 LTV が 1 万 848 円でしたが、約 1.5 倍の 1 万 5,428 円となり、指標の半年 LTV 1 万 6,000 円に近づきました。

売上総額は、半年間で約 180 万円減少しますが、広告費は 250 万円削減され、他の施策へ再投資ができそうです。

このように「経路別 LTV」の指標を設定し、結果と照合することで、停止・他の施策検討など、打つ手を増やすことが可能になります。

　最後に、実践を想定した補足です。
「媒体 E」のように、リピートという観点で他と比較して圧倒的に悪い結果が出ている場合は、経路と LTV の関係は「因果関係あり」という判断ができます。しかし、実際には判断が難しいケースも存在します。

　なぜなら、半年や 1 年という時間が経過すると、様々な施策が実施されるため、経路と LTV の関係は「因果関係が不明」と判断せざるを得ない場合も出てくるからです。

　指標設定・数値確認を運用する際には、こうした点にも注意する必要があります。

《 事例 》「媒体別の LTV は拾えないじゃないですか」

　弊社が、某メーカー EC サイトを支援中の企業様から問い合わせをいただいた時のことです。担当の方のお話を伺ったところ、サイトの本質的な課題は売上アップで、サイト解析という観点からコンサルティングを頼みたい、という相談でした。

　弊社では最短距離での課題解決が必要と考え、率直に「サイト解析を実施したところで、大きな穴がない限り『期待する売上改善』は困難。根治したいならば、売上最大化を目的とした、LTV につながる経路別の広告投資解析から実施したほうが早いです」と提案したところ、雲行きが怪しくなってきました。

　企業様側の担当者は、やや感情的になって、
「いや、やってもらいたいのは、サイト解析です。LTV が重要なのは、素人じゃないのでわかってます！ **そもそも、経路別に LTV なんて拾えないじゃないですか。やり方があれば、やりますよ!!**」
　……とまくし立てました。

これを聞いた私と同席した弊社メンバーは、目が点になってしまいました……。結果として、十分な話し合いができず、期待に応えることができませんでした。

　何が問題だったのか、あるいは出過ぎた発言だったのか、いまだに理解ができませんが、「経路別のLTVは手間を要しますが拾えます」と発信できなかったことだけが心残りでした。

　媒体費やアクセス数などから考慮すると、経路別2回目CPOなどの投資を最適化して、原資をつくり、伸びるところへ再投資という循環を構築したほうが、某メーカーECサイトの可能性は確実に広がったので、残念な結果になってしまいました。

　表面的な数値ではなく「事業成長に何が必要か？」を重視することが大切なのに……と痛感した経験でした。

【応用編】

　ここまで指標の基本内容を共有してきましたが、ここからは応用編です。指標とは少し離れるテーマもありますが、よりマーケティングの運用現場で用いるケースに近くなるため、少し難度が上がります。まずは「集客」と「成約」を確認していきましょう。

06 応用編：集客

「集客」の応用編では、2つのテーマを共有していきます。

　1つ目は選択可能な基本指標で共有した「ROAS」についての補足、2つ目は「アトリビューション」という観点です。どちらも運用現場では必須となるテーマです。

◎ ROAS 採用時の注意

　こちらの指標は、前に共有したように「投じた金額に対しての売上（利益）の回収率」です。売上と経費を事業全体の評価基準としている企業に、よく採用される指標です。前提として、広告を使う場合は新規顧客が対象なので、こちらの指標は活用が難しい側面があります。その理由は、購入金額にあります。

■ 初めて購入するサイトでは、「購入金額」は下がる

　顧客が初めて訪問したサイトでは、過去に購入したサイトと異なり「試し買い」という心理が働くため、新規顧客を対象とする場合、自ずと ROAS は低くなる傾向があります。

　だからといって、一概に「ROAS は指標として採用すべきではない」と決めつけるのは間違いです。なぜなら、ROAS は多品種を取り扱っている企業や単価の高い EC 企業、売上と経費を評価基準にしている企業などには、有効に働く可能性が高いからです。

　こうした企業には、「どの商品を広告配信すれば投資回収率が高い・低い」といった ROAS の指標は、非常に役に立ちます。

　それでは、具体的に確認していきましょう。

　次ページの表は、前にご紹介した「表 Y」(116 ページ参照) に、経路別（単価は統一）の ROAS を埋め込んだものです。

　媒体・内訳ごとに ROAS を確認するとわかるように、CPO の評価が高い経路は ROAS も高くなるという結果になっています（設定上、購入額が同額のため自ずと売上も増える）。

　企業の事情によっては、新規とリピートを分けずに ROAS を採用するという選択肢もありです。ただ、実際には新規・リピートそれぞれに購入特性があるという点を理解しておくと、課題発生時の選択肢が増えるので、打つ手も増えます。

【「表Y」に ROAS を埋め込んだ数値】

	CV 数	CVR	投下費用	CPO	売上	ROAS
広告媒体 A	975	0.65%	¥9,500,000	¥9,744	¥30,300,000	319%
内訳1	425	0.85%	¥1,500,000	¥3,529	¥8,500,000	567%
内訳2	490	0.70%	¥3,000,000	¥6,122	¥9,800,000	327%
内訳3	60	0.20%	¥5,000,000	¥83,333	¥12,000,000	240%
広告媒体 B	320	0.40%	¥4,000,000	¥12,500	¥5,400,000	135%
内訳1	200	1.00%	¥1,000,000	¥5,000	¥3,000,000	300%
内訳2	120	0.20%	¥3,000,000	¥25,000	¥2,400,000	80%
広告全体	1,295	0.56%	¥13,500,000	¥10,425	¥35,700,000	264%

◎ アトリビューション

2つ目は、具体的な指標設定というよりは、媒体の「投資配分の最適化」に活かすための「評価方法」について共有します。

前にご紹介しました「毒入りレポート」では、CV の取り合いに起因して「CV 重複」という現象が発生していましたが、そのように購入者が複数の広告に接触した場合、どう評価を下せばよいか？ を確認します。広告用語では「アトリビューション」と言います。

アトリビューションとは、複数の広告をクリックして CV した際、特定の定義（関与した広告の全て、またはいずれかの広告など）で、貢献度を割り振って評価することです。例えば、次の図では、広告をA → B → C → D といった順でクリックした後、CV（購入）しています。

【 どの広告を評価すべきか？ 】

この場合、CV は 1 なので「どの広告を評価すべきか」といった「決め」を設定します。具体的には、次のような選択が可能です。

- 購入直前の D に 100％
- 出会うキッカケにつなげた広告 A に 100％
- 全ての広告に均等に 25％ずつ
- 最初と最後の A・D に 40％ずつ／ B・C に 10％ずつ

などなど、貢献度の振り分け定義をいずれか 1 つ設定します（特にルールはありません。自由です）。また、購入者が複数の広告をクリックした際の名称は、次のように定義づけられています。

- 購入直前にクリックされた広告 →『直接・終点』
- 購入者が初めて出会ってクリックした広告 →『初回・起点』
- どちらにも属さない広告 →『間接』

次のようなイメージです。

【 購入者が複数の広告をクリックした場合の名称 】

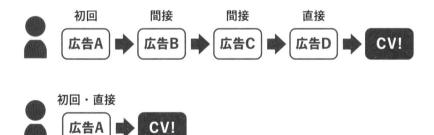

このケースについても、他のケースと同じようにサンプルデータで確認してみましょう。

【 広告媒体 A 〜 E の CV 関与なし 】

	投下費用	クリック数	新規顧客	CPO	初回	間接	直接	CV関与なし
広告媒体 A	¥1,000,000	5,000	130	¥7,692	150	150	120	4,580
広告媒体 B	¥1,200,000	6,000	170	¥7,059	200	700	50	5,050
広告媒体 C	¥2,500,000	12,500	180	¥13,889	150	1,800	140	10,410
広告媒体 D	¥1,500,000	7,500	80	¥18,750	75	100	70	7,255
広告媒体 E	¥2,500,000	6,000	480	¥5,208	500	1,300	460	3,740
広告全体	**¥8,700,000**	**37,000**	**1,040**	**¥8,365**	**1,075**	**4,050**	**840**	**31,035**

　上の表が、初回（起点）・間接・直接（終点）のサンプルです。

　どのような解釈が可能でしょうか？ 判断が難しいところですが、広告媒体 C は、「CV 関与なし」のクリック数と「間接」が他と比べて多いのがわかります。正直、「間接」は判断が難しいというのが本音です。「認知に貢献した」という意見もあれば、「無駄だ」と切り捨てる企業や人もいます。

　この「間接」効果の判定は、実は最終的に行き着くところは「AI（の機械学習）が**広告管理画面上の数値をベースに**、ベターな配信先を選択しているので仕方ない」という結論になりやすいのです（Google さんは最適化のために、間接の評価も推奨しています）。

　では、「だから仕方がない」で済ませて良いのでしょうか？

　私は、そうは考えません。広告管理画面のデータだけの最適化によって「CV 関与なし」のクリックが増え、成果がよくわからない「間接」が増えた結果、費用を負担するのは広告主です。かといって、毎日詳細を確認していては工数に見合いません。ですが、完全に無視もしたくありません。

　以下は指標というよりも対処方法の話になりますが、このように「間接」が増えた時は、間接が多い媒体を一定期間停止して、CV の増減を確認する、といった対応が可能です。

いつでも確認できるようにデータを蓄積しておいて、しかるべきタイミングで検討する、というのが良い塩梅の方針といえます（データの蓄積方法に関しては後述します）。

　以上が、「集客」の応用編です。無駄な努力や投資を行わないために集客の指標は適切に設定する必要がありますが、現実的には、最初から完璧な指標設定は困難です。
　従って、仮の指標を設定し、結果と照合して、ブラッシュアップする、という作業を繰り返してください。くどいようですが、データと向き合う時間は、的確なリソース配分を心がけるようにしてください。

◎ 各種計測方法について
　集客の最後に、各種計測方法について補足します。
　まず、GA を用いたデータ取得方法については、折々で仕様や機能が更新されるため QR コードを準備しました。以下をご確認ください。

　GA に関しては、「GA 4」という新バージョンがリリースされます。現時点では、（個人情報保護の観点と思われる）旧バージョンで測定できた項目が削除されたりしています。ただ、どんどん進化しておりこの本では追い切れない部分もあるため、本章では「GA 4」の機能に依存せずに紹介します。
　詳細や新しい情報に関しては上の QR コードの記事に常時アップしていきますので、ご活用ください。
　また、有償ツールでしたら、専門家による分析サポートが付いている「DATAD」（データード）や、様々な分析機能が搭載されている「AD EBiS」（アドエビス）といったツールの検討もお勧めします。

《事例》あるコンサルタントの発言

　弊社クライアント様のX社で実際にあった話です。以下は元大手通販企業を卒業したコンサルタントの方とのやりとりです。

コンサル「某F社のECはCPO××円。もっと下げられないの？ 詳細は言えないけど、このとおり（F社は業界最大手。マスメディアにも出稿しており、ネット広告媒体名が伏せられた資料の共有があった）」

私「前提条件が違うと思うのですが……この経路は指名購入じゃないでしょうか？ ここも件数が異常値なので、おそらくアフィリエイト広告の類じゃないですか？」

コンサル「詳細は言えないけどね」

私「責任回避するわけではないですが、F社様とX社では、認知度・ブランド力が違うので、あまり参考にはならないかと思うのですが……どう思われますか？」

「チーン……」という空気と共に、話はこれで終了し、同コンサルタントとのご縁も終了しました。弊社が試されたのか、何を発信したかったのかは不明ですが、後で知ったところによると、この方、大手通販企業での管理職経験は事実でしたが、実はマーケティングの実務経験は、ほぼゼロだったのです。

　どんなにすごい経歴を持っている方や、どんなにすごい企業からの提案・発信であっても、内容が曖昧だったり、そもそもご本人が理解していなかったり……という場合も時にはあります。そんなケースでも、**指標を理解し、前提条件を考えることができれば、しっかりとした確認ができる**、ということを読者の皆さんには理解していただきたいと思い、この事例をご紹介しました。

　適切な確認ができる習慣は「武器」になるのです。

07 応用編：成約

「成約」の応用編では、実際の運営現場でよく使われる指標を共有します。まずは、「サイトのタイプ」についてです。

◉ サイトの「5つのタイプ」

厳密には5つでは不足ですが、ここでは説明の都合上、大まかに5つに分類しました。まず、大きく2つに分類されるのが「Webサイト完結型」と「非完結型サイト」です。

完結型はサイト内で決済・予約が完了できるタイプのサイトで、大きく3つに分類されます。一方の非完結型は、ユーザーとの接点を持つことが目的のため、完結まで至らないタイプのサイトで、大きく2つのタイプに分類されます。

【 サイトの「5つのタイプ」】

タイプ		サイト概要
完結型	A	ECサイト単品
	B	ECサイト多品種
	C	予約サイトなど非ECサイト
非完結型	D	資料請求・問い合わせ
	E	情報提供・イメージサイト

のちほど、タイプ別の指標について解説しますが、まずはご自身のサイトがどの分類に当てはまるのかを理解し、覚えておきましょう。

◉ 採用される指標

次に、現場で採用される5つの指標を次ページの表にまとめました。

【 現場で採用される5つの指標 】

指標	概要
経路別	経路別に訪問数、CVR、直帰率など
カート離脱	カートやフォームなど、CV完了直前での離脱数値
回遊率	1訪問あたりの閲覧（PV）数
重要ページ閲覧数	設計上、確認してもらいたいページの閲覧数
平均購入単価	1人の1回あたりの平均購入金額

　以下に、イメージ図と共に「採用すべきサイト」をタイプ別に紹介しているので、自社のサイトにとって、どのタイプの指標が「採用すべきサイト」の候補となるのか、ご確認ください。

▶ 指標1）経路別の情報 ── 対象となるサイト：【全て】

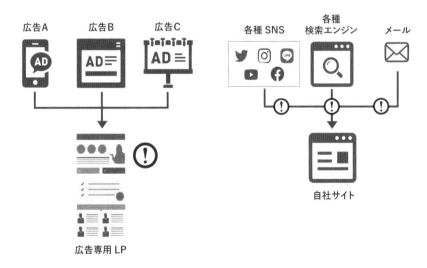

広告A　広告B　広告C　　各種 SNS　各種 検索エンジン　メール

広告専用 LP　　自社サイト

　広告・自然流入・メルマガなどの経路別の「訪問数」「CVR」「CV 数」を用いて指標を設定します。経路別の「集客の質」の比較や、悪化・好転時の原因を把握します。

▶ 指標2） カート（フォーム）離脱率
── 対象となるサイト：【A、B、C、D】

決済ページ　　　　決済せず……　　　　　　　離脱

何かしらの理由で購入や資料請求などを完了せずに離脱した人数や率を確認します。例えば、対象顧客がECサイトでカートに商品を入れたまま決済を忘れ、やがて購入モチベーションが下がって購入に至らないケースなど、完了直前のカートやフォームで離脱した人数や率の指標を設定しておき、悪化時にすぐに把握できる状態を構築します。

ECサイトによっては、カートに商品を入れたままにしているとクーポンの案内がメールで送られてくるサイトがありますが、この手の施策は、カート離脱率を下げる目的で機能を実装しています。

▶ 指標3） 回遊率 ── 対象となるサイト：【B、D、E】

訪問者100人で500ページビュー（PV）だった場合、$500 \div 100 =$「5」が1人あたりの閲覧ページ数となります。特に多品種サイトは購入単価アップが至上命題であり、様々な製品を

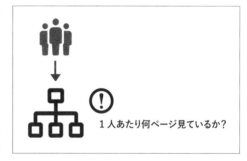

1人あたり何ページ見ているか？

購入してもらうために、まずは閲覧ページ数を増やす必要があります。そのため、回遊率（1人あたりの閲覧ページ数）は重要な指標の1つです。そのため、多品種サイトなど回遊率を重視すべきサイトは、適切な指標を設定しておき、サイト訪問者の状況をいつでも判断できるようにします。

▶ 指標4) 重要ページ閲覧数 —— 対象となるサイト：【D、E】

閲覧してほしいページの「閲覧数」の指標を設定します。サイト訪問者の〇％の閲覧数という設定がシンプルです。非完結型サイトの目的は対象顧客との出会いと関係づくりであるため、Webでは完結しません。完結は、電話、対面などのリアルコミュニケーションで行われます。完結のためには、心や記憶に残るページ・情報に触れてもら

見てもらいたいページの閲覧数は？

う必要があり、その役割を担うページの閲覧数を指標として設定します。

顧客に直接、電話等で確認してみると「あのページを見た」という声を拾えることがあります。そのような資源を積み上げて、重要ページ（差別化要素、お客様の提案、自社の特徴の説明など、確実に見てもらいたいページ）を設定し、閲覧数を指標として設定します。

▶ 指標5) 平均購入単価 —— 対象となるサイト：【B】

平均購入単価

購入時

対象顧客の平均購入単価を把握します。平均購入単価は、多品種サイトが重視すべきテーマで、優先度が高い指標です。平均購入単価が高いサイトであれば、強気な投資も可能になります。こちらの指標設定・管理は徹底しましょう。ECシステムのほか、受注データが集積される社内システムと解析ツールなどを連携させることで、広告効果測定などとの一元管理が可能になります。

以上が、「成約」で用いる主な指標です。

「集客」と「成約」の双方の指標を設定し、結果と照合していくことで、課題把握と解決スピードが加速します。ただし、はじめから両方を行うのは大変です。まずは自社にとって重要と思われるテーマを絞れるだけ絞った上で、「指標設定 → 結果と照合 → 解決」といったルーティーン化に挑戦することをお勧めします。

　また、繰り返しになりますが、必要以上にリソースを奪われる指標の設定やデータ管理はやめて、リソースが最小限に収まる環境を構築することをお勧めします。そのためには、可能な限り自動でデータが蓄積され、1週間に一度チェック、といった、GA や有償ツールなどを用いた環境づくりがベターです。

　最終的には、ITP^(※) 問題を可能な限り解決し続け（いたちごっこの手法とはいえ存在します）、基幹システム・売上データと連動させる「自社オリジナルの計測システム」が理想ですが、初期段階はツール提供ベンダーの機能に指標管理を合わせるほうが、投資効果という観点からもベターです。

　指標の設定と管理は簡単ではありませんが、一度環境を整備してしまえば、あとはブラッシュアップをするだけです。

　誰もが同じ基準で「正確な判断機能」を身につけることは、組織にとって大きな武器となります。施策の無駄を排除して事業成長につなげることのできる「意味のある投資」を行うためには、自社にとって最適な「指標」を採用することが重要なのです。

※ ITP は Intelligent Tracking Prevention の略で、Apple 社の Web ブラウザ「Safari」
　に搭載された、プライバシー保護を目的とした機能です。ネットユーザーのプライバ
　シー保護が実現される一方で、ネットユーザーが複数サイトにアクセスした行動・閲
　覧分析や追跡を制御されることにつながるため、広告配信、測定・分析といった精度
　が落ちてしまいます。これら ITP によって発生する課題を総称して「ITP 問題」とい
　います。

ネット広告の
分析と改善

　本章では、デジタル・Web マーケティングの根底を支える「ネット広告の理解・分析・改善策」について共有していきます。

　本章を読了後、実際に運用して経験を重ねていけば、社内・外部などの運用体制を問わず、**ネット広告「改善」の現場において、旗振り役を担えるようになります。**

　近年のネット広告は、AI が担う領域が年々広がっています。そして配信対象のターゲティングや予算配分最適化は、AI を軸に進みます。そのため、今後は「クリエイティブの力」が、どんどん重視されます。なぜなら、限られた予算内でクリエイティブのパターンを大量に設定することで、AI が複数ある広告・クリエイティブパターンの最適解を導き出すからです。この流れは止まりません。そのような背景を踏まえて、本章では「ネット集客の改善」をテーマにしています。

　脅そうとしているわけではありませんが、現実問題として、デジタルマーケティング全盛時代に、基本的な知識を持たず、全てを専門会社に丸投げし、表面的な成果に一喜一憂するだけでは、日々、マーケ

ティングの本質を追求し、必死に努力をしている（一部の）競合企業に太刀打ちできるはずがありません。

逆に、たとえ後発であったとしても、しっかりとポイントを押さえて、今この時点から努力を継続することで、先を進む企業に追いつき、追い抜くことは可能です。

一般的には、マーケティングという分野について「狩猟的」なイメージを持たれる人が多いのですが、実は「農耕的」な側面が強いと私は考えています。

話が少し脱線しますが、私の母の生まれ故郷である九十九里の畑では、夏・年末と、祖父が育ててくれる季節を彩る野菜が実ります。無農薬なので品質は不安定で、例年「今年のキュウリは、すごく立派だね！」「今年は、痩せてるね」というのが定番の会話です。

実際に定点観測したわけではありませんが、良い作物が実るには、コントロールが難しい土壌や微生物といった土台、天候や災害など様々な要素が関係しており、そうした条件が絡み合って作物の良し悪しを決めているのだと思います。

これが「農業"ビジネス"」だった場合、どうでしょうか？ そうした条件を「運」任せにはできないため、肥料を吟味し、天候や災害に左右されない施設や設備を準備して、コントロール可能な領域を増やすはずです。これら一連の動きは、まさにマーケティング活動と同じです。

「ネット広告の改善とは何か？」を突き詰めると、最終的には「広告表示回数・クリック数・媒体費・集客の質」の4つの調整に行き着きます。

本章の目的を「改善策の旗振り役」を担えるようにする、と設定したことには、以下の3つの理由があります。

1）「結果」に対して、広告代理店の担当者を追い込んでも無意味
事業を最も理解しているのは広告主です。広告主が改善の旗振り役を担うことで、改善スピードを加速させることが可能です。

2）ネット広告の特性を活かす

　ネット広告は、瞬時に停止・拡大といった実行が可能です。正しい分析視点を知ることで、スピーディーに依頼や指示ができます。

3）「事業主」と「広告代理店」は利害関係が不一致な側面もある

　誤解を与える表現かもしれませんが、これは商売の構造の話です。

- 広告主は、可能な限り予算を抑えて、CV を最大化したい。
- 広告代理店は、広告予算が増えると、収入が増える。

　弊社の広告運用も同様ですが、広告代理店の収益は「広告費×○％」というモデルが大半です。

　代理店担当者がノルマに追われ、売上を「水増し」するために、自宅や会社で広告主の広告を無駄にクリックして広告費（請求額）を釣り上げていたという、たまに聞く話などは最たる例です。広告主である事業主が率先して数値の変化に気づき、相談・指摘ができなければ、気の緩みが生じてしまう人間もいるということです。

　広告主が「結果と事実」を正確に把握し、広告代理店・運用者と同じ（またはそれ以上の）レベルで会話し、共に困難を突破していく過程で良いパートナーとなることで、目標達成率が上がります。また、共に数々の難関を突破して関係が深まった相手は、先々の心強い同志にもなります。そのためにも、読者の皆さんには一段レベルを上げて、ネット広告に向き合っていただきたいと考えています。

　本題に入る前に、もう１つ。

　ネット広告の運用支援は弊社の生業の１つですが、弊社が提唱する最終形は「広告の依存度を下げる or 広告を使わない」マーケティングです。そう聞くと、現実味のない「理想」と考える人もいるかもしれませんが、有効な施策の結果としてファンや指名顧客が増え、共感・共鳴が広がれば、決してできないことではないと考えています。

　ただし、そこに至るまでの過程では、ネット広告を利用するほうが

効率的なうえ、確実性も高まります。

「最終形のマーケティング」を考慮しながら、ネット広告を上手く活用することが重要なのです。ぜひ、本章のテーマを理解して、ネット広告の改善策および最善策を導き出すためのスキルを習得してください！

01 ネット広告とは

まず、ネット広告の種類と構造を大まかに整理していきます。すでにネット広告を実施中で理解している方は、最初の方は読み飛ばしていただいても構いません。「よくわからない」という方は、理解していただく必要がありますので、1つずつ確認していきましょう。

■ ネット広告の構造

ネット広告には様々な媒体がありますが、まず覚えておくべきは、次のような構造で成り立っているという点です。

【 ネット広告の構造 】

※ Google は、検索エンジンという無料サービスを提供し、検索ワードと連動した広告の他、GDN（Google ディスプレイ広告）といった広告サービスも提供している。

148 ページの図の場合は、Google 社という「広告提供企業」が存在し、その下層にGoogle 社が提供する広告メニューが存在しています。

【 主なネット広告の種類と特徴 】

検索連動型広告	Google や Yahoo! などの検索エンジンにおいて、ユーザーが入力した「検索キーワード」に連動して表示される広告。
GDN・ディスプレイ広告	Google Display Network の略。Google が提携しているニュースサイト、個人ブログなど様々なサイトへ配信される広告。
SNS 広告	Instagram、Facebook、LINE、Twitter など、ソーシャルメディア上で配信される広告の総称。
動画広告	動画素材の配信が可能な広告の総称。YouTube や TikTok などが代表的な媒体。

▣ 主なネット媒体・配信メニュー

ネット広告で利用される主な媒体は、Google、Yahoo!、Instagram、Facebook、Twitter、YouTube といった圧倒的な集客力を持つサイトです。なぜ、こうしたサイトにユーザーが集まり、使い続けるのかというと、ユーザーには各社が提供する（無料）サービスを使いたいという欲求があるからです。この圧倒的な集客力を武器に、各社は広告メニューを提供しているのです。

ここでは広告に関する詳細は割愛していますが、興味のある方は、本章の最後に簡単な図解を用意しているので、そちらをご確認ください。

広告媒体各社は、提供する無料サービスの特徴や利用者との関係を活かした広告配信メニューを提供しています。また、ネット広告の全てに共通しますが、広告主は「配信設計」「広告素材」「誘導先ページ」という 3 つの構成を、媒体各社の仕様に合わせて設定・運用します。

▣ 3つの構成

• **配信設計**：誰に、いつ、どこに、どのように配信するか？ など
　　　　　　具体的な広告配信の設計です。

• **広告素材**：テキスト、画像、動画など。
　　　　　　ユーザーが目に触れる広告素材です。

• **誘導先ページ**：広告素材をクリック後に表示されるページです。

投資先の広告媒体に「自社の対象顧客層」が存在するのが大前提ですが、その上で、広告投資の成果を左右するのが、ご紹介した３つの構成要素の精度です。広告効果を最大化するためには、継続的な改善が必要です。

【 広告媒体の3つの構成 】

配信設計	広告素材	誘導先ページ
広告配信に関する重要要素を設計する	ユーザーがクリックしたくなる広告素材を制作し、設定する	広告素材をクリックした後の遷移先のページを設定する

◎ 自動化が進むネット広告

　ネット広告では、AI・機械学習による自動化が進んでおり、広告投資の目的として重視される各要素（CV数、クリック数、表示回数等）によって「CV最大化」や「目標CV単価（CPA）」などの設定も可能で、そうした設定に応じた運用も自動で行ってくれます。現在も、人が介入すべき機能や領域は存在しますが、近い将来には「目標設定」だけで、広告運用の全てが展開されるかもしれません。

　事実、Googleの「P-MAX」という新サービスでは、YouTube、検索エンジン、Mapなど広告出稿する媒体を自動で選択して表示するサービスがリリースされています。ただし、完全な自動化には「課題」とまでは言わないものの、ある種の「気持ち悪さ」が残ります。

　「気持ち悪さ」の正体の１つ目は、結果に対しての過程・仮説などが把握できないという点です。そして２つ目は、一定のデータ量が必要なため、「どのようなデータを収集させるべきか？」といった基本方針や判断は「人の力」が不可欠という点です。

　従って、実は、自動化が進めば進むほど、AI・機械学習が搭載される前の「基本公式」を理解しておかなければ、自動化を上手く活用することが困難になるのです。

本章では、この「基本公式」を共有しながら、具体的な「改善策」を体得いただけるよう、事例を交えて共有していきます。

02 ネット広告の改善 −準備−

ネット広告改善のための知識を得るには、まずは**ネット広告の結果は全て「算数」**という前提を理解する必要があります。

一番簡単な例である「クリック単価」で考えてみましょう。多くのネット広告は「クリック課金」というメニューを提供しています。次のサンプルデータをご確認ください。

【 クリック課金のサンプルデータ 】

■2月広告レポート

	クリック数	クリック単価	媒体費	CV数	CVR	CPO
広告媒体A	2,500	¥180	¥450,000	60	2.40%	¥7,500

■3月広告レポート

	クリック数	クリック単価	媒体費	CV数	CVR	CPO
広告媒体A	2,500	¥720	¥1,800,000	60	2.40%	¥30,000

上の表は、2月と3月のレポートを比べたものです。広告媒体Aの「CPO（1受注の獲得コスト）」が7,500円→3万円の4倍に悪化しています。一方で「**CV数**」や「**クリック数**」に変化はありません。**つまり、CPOが悪化した原因は、クリック単価の上昇にあることがわかります。**

それでは、詳細を確認していきましょう。

CPOの計算式は「媒体費÷CV数」です。

- 2月CPO＝媒体費45万円÷CV数60＝7,500円
- 3月CPO＝媒体費180万円÷CV数60＝3万円

つまり、「CPO の悪化」は、CV 数減少も要因になるのですが、サンプルデータのとおり「媒体費の上昇」も大きな要因になります。

　さらに深く掘り下げてみましょう。前ページのサンプルの場合、媒体費以外の数値に変化はありません。となると、「なぜ媒体費が上昇してしまったのか？」を追求する必要があります。

　サンプルの媒体費の計算式は、クリック単価×クリック数です。

- 2 月媒体費＝ 180 円× 2,500 ＝ 45 万円
- 3 月媒体費＝ 720 円× 2,500 ＝ 180 万円

　クリック数も同じなので、クリック単価が、CPO が悪化した原因ということが理解できます。クリック課金の媒体で、媒体費が上昇する原因は「クリック単価の上昇」または「クリック数の増加」ですが、サンプルの「クリック数」は同じなので、必然的に**3 月の CPO 悪化原因は、クリック単価の上昇となります**。

　このように、広告の結果は算数（掛け算・割り算）で構成されているので、結果には原因（発動条件・数式）が必ず存在しています。このように正確に原因を把握し、的確な改善策を実行することで、広告改善を導くことができるのです。

　本章では、広告改善の知識習得のために、次の 3 つのテーマを順に共有していきます。

- 結果をひもとく『基本公式』
- 広告悪化の『発動条件』（＝原因）
- 『改善方法』のポイント

　単純な算数がベースですので、基本をしっかり理解することで、**広告悪化の原因特定と改善は、誰にでもできるようになります**。

　コツは「基本理解」と「脳停止をしない」ことです。

◎ 結果をひもとく『基本公式』

　広告運用のほぼ全てに該当する基本公式が次ページの式です。

〈媒体費〉 ＝ クリック単価 × クリック数

- 「**クリック単価**」は、広告がクリックされた時に発生する費用です。
  単価の設定方法は、入札式を採用している媒体が多いです。

※クリック単価の他、インプレッション単価（CPM）1,000 回あたりの表示単価という
　媒体も存在します。この場合、媒体費用＝表示回数÷1,000×インプレッション単価
　（CPM）となります。

〈クリック数〉 ＝ 表示回数 × クリック率（CTR）

- 「**表示回数**」は、1 日の予算や入札単価によって変わります。表示
  回数だけでなく、表示される場所も変わります。
- 「**クリック率（CTR）**」は、広告素材の「力」によって変動します。
  興味が湧くコピーや画像を用いている場合や、指名ワードを検索さ
  れた場合、メディアや口コミで取り上げられた際などに上昇します。

※CTR：Click Through Rate の略。広告表示回数に対してのクリック率。

〈CV 数〉 ＝ クリック数（サイト訪問数） × CVR

- 「**クリック数**」はサイト訪問数で、「CV 数の分母」になります。
- 「**CVR**」は、サイト訪問者が「このサイトで買おう！」と決断す
  るための様々な要素（納得・共感・安心など）により変動します。
  また、集客の質によっても変動します。

　以上の 3 つが基本公式です。ほとんどの広告の結果が、この式をそ
のまま使うか、少し流用するだけでわかります。

◉ 広告悪化の『発動条件』の公式

次に、広告悪化の「発動条件」を、先ほどの公式をベースに確認していきます。その基礎が次の図です。

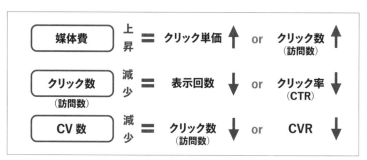

※各矢印は、↑がクリック率の「上昇」、クリック数の「増加」、CPOの「上昇」、↓がクリック率の「低下」、クリック数の「減少」、CPOの「悪化」を表す。

上の図を参照しながら、よく使われる指標を中心に悪化時の発動条件を共有していきます。

◉ CV数減少条件

「CV数の減少」の原因は、「クリック数の減少」または「CVRの低下」です。式にすると、CV数↓＝クリック数↓ or CVR ↓となります。

「なぜ、クリック数が下がったのか？ 条件は？」

「なぜ、CVRが下がったのか？ 条件は？」

と、先ほどの「発動条件」の公式を基に、さらに分解すると、以下の図のようになります。

【 CV数減少条件 】

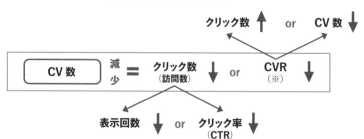

154

以上が、CV 数減少という「**悪化の発動条件の全て**」となります。

※ CVR の低下条件は、訪問数の増加 or CV 数の減少です。訪問数という点では「質の低い集客が増えた」という仮説が成立します。

　整理をすると、

〈**クリック数の減少**〉

　① 表示回数の**減少**　② クリック率の**低下**

〈**その他**〉

　③ CVR の**低下**

　こちらの条件が全て発生するか、いずれかが発生した際に、CV 数減少という結果が発生します。

◨ CPO（CPA）悪化条件

　CPO 悪化は、媒体費の高騰 or CV 数減少です。

　式にすると CPO ↓＝媒体費↑÷ CV 数↓です。さらに分解すると下の図のようになりますが、ひとつ注意が必要です。

　図の中の「クリック数」を確認してください。

● 媒体費**上昇**の条件は「クリック数↑」

● CV 数**減少**の条件は「クリック数↓」

　どちらも計算式上は正解ですが、条件は正反対となっています。クリック（訪問）数や表示回数などは、掘り下げるテーマ（目的）によって、悪化条件が異なります。

【 CPO 悪化条件 】

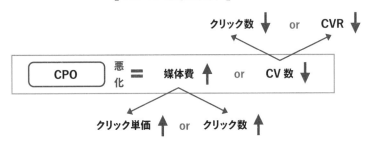

このような時は、**大きな変化がどこにあるか？** を確認します。ク
リック数に大きな変化がなければ、他の要素である「クリック単価↑」
「CVR ↓」が、CPO 悪化につながっている可能性が高いです。逆に
クリック数に大きな増減があった際は、クリック数の（増減）変化の
原因究明を行います。

- 媒体費↑ & 悪化時のクリック数↑＝表示回数↑ or クリック率↑
- CV 数↓ & 減少時のクリック数↓＝表示回数↓ or クリック率↓

  となり、CPO 悪化条件を整理しますと、

〈媒体費の上昇〉

  ① クリック単価の**上昇**

  ② 表示回数の**増加**　（クリック数の増加に関与）

  ③ クリック率の**上昇**（クリック数の増加に関与）

〈CV 数の減少〉

  ④ 表示回数の**減少**（クリック数・訪問数の減少に関与）

  ⑤ クリック率の**低下**（クリック数・訪問数の減少に関与）

  ⑥ CVR の**低下**

以上の条件が、全て or いずれかが発生すると、CPO 悪化という結
果が発生します。

◉ **ROAS の悪化条件**

ROAS の悪化の原因は、売上金額の減少か媒体費の高騰です。

式にすると、ROAS ↓＝売上金額↓÷媒体費↑× 100（%）です。

【 ROAS 悪化条件 】

同じように分解していきます。

- 売上金額↓＝顧客単価↓ or CV 数↓
    - ➡ CV 数↓＝クリック数↓ or CVR↓
    - ➡ クリック数↓＝表示回数↓ or クリック率↓
- 媒体費↑＝クリック単価↑ or クリック数↑
    - ➡ クリック数↑＝表示回数↑ or クリック率↑

CPO の指標は「媒体費・CV」の２つですが、ROAS の場合は加えて「売上金額」も関係するため発動条件が１つ増えて３つになりますが、基本は同じです。

ROAS 悪化の発動条件を整理しますと、

〈**売上金額の減少**〉

① 顧客単価の**減少**

〈**CV 数の減少**〉

② 表示回数の**減少**（クリック数・訪問数の減少に関与）

③ クリック率の**低下**（クリック数・訪問数の減少に関与）

④ CVR の**低下**

〈**媒体費の上昇**〉

⑤ クリック単価の**上昇**

⑥ 表示回数の**増加**　（クリック数の増加に関与）

⑦ クリック率の**上昇**（クリック数の増加に関与）

以上が、悪化の発動条件となります。

繰り返しになりますが、広告運用結果は掛け算です。

厳密には例外もありますが、悪化した場合には、基本的に必ず何かしらの「穴」があります。その穴は、冒頭で共有した、ネット広告を構成する「配信設計」「広告素材」「誘導先ページ」にあります。

次のテーマである「改善」では、この３つの構成要素を対象に共有していきます。

"自動化時代"に
基礎公式は必要なのか?

◇　◇　◇

　すでにお伝えしているように、現在のネット広告は「CV 最大化」や「目標 CPA」などを設定することで、自動で要求に応えてくれます。

　わかりやすい例で確認していきましょう。

　バナーとテキストがセットで配信される広告があります。広告の管理画面に複数のバナーとテキストを設定すると、何通りかの組み合わせをテストして、最終的に最も成績の良い組み合わせを導いてくれるのです。

事実、Google 広告のページでは「5 つのパターンを準備することで、1 パターンでの広告運用と比較すると CV 数が 10％増える」と公言しています。

このような仕組みを考慮すると、「基本公式とか難しく考えなくていいのでは？」と思う人もいるかもしれませんが、基本公式の理解は必要不可欠です。この基本を理解しておかなければ、いずれ AI・機械学習に支配されてしまい、その結果、選択肢が狭まり、最適化の実現も困難になってしまうからです。

以下は、あるクライアント先のミーティングに参加した時に、実際にあった話です。

当時、私はクライアントが委託中の広告運用者の発言を聞いて、耳を疑いました。終始 Google の機械学習や設定機能、仕様などの説明 " だけ " をしていたのです。つまり、「Google の仕様はこうだから、この結果になった」という説明が、彼の仕事だったのです。

AI や機械学習というのは、答えを出すことが仕事なので、プロセスや過程が不明確なのですが、その裏側で何が起こっているのかを考え、事業成長へのインパクトを考慮して、提言＆協議して対処することが改善への近道ですし、その道を探りながら歩むのが運用担当者の仕事です。

残念ながら、その人は広告運用の本来の目的を忘れてしまっていたのでしょう。終始 Google 広告の仕様を説明する姿を見て、私は怒りを通り越して、呆れたのを今でも覚えています。

03 改善対象項目とコントロール可否

　Chapter 3 で共有した「コントロール可否」の表（94 ページ参照）を
確認すると【関連施策の改善×集客率】が○となっているように、広
告運用の結果に関しては、努力で改善できるテーマが多くあります。
従って、まずはコントロール可能な項目を確認していきましょう。

【 広告が悪化した際の発動条件ごとのコントロール可否 】

				コントロール可否	
				広告運用	サイト
媒体費	上昇	クリック単価	上昇	△	△
		クリック数	増加		
売上金額	減少	CV 数	減少		
		顧客単価	減少	○	◎
CV 数	減少	サイト訪問数	減少	◎	―
		CVR	低下	○	◎
サイト訪問数	減少	クリック数	減少		
クリック	減少	表示回数	減少	○	―
		クリック率	低下	◎	―
	増加	表示回数	増加	◎	―
		クリック率	上昇	◎	―

　塗りつぶしてある箇所は、分解されて他の項目として存在すること
を表していますのでスルーしてください。

▣「広告運用」でコントロールできる範囲
　表にある「コントロール可否」とは、広告運用は、広告の配信設計・
管理画面の設定でコントロールできるか？ という観点です。

「◎」は、広告主・広告運用者（代理店を含む）の努力で、高い確率で改善できる項目です。

「○」は、一定の範囲で改善できるのですが、外部環境やサイトなど、自助努力では対応できない一部領域が存在するケースです。

「△」は、クリック単価のみです。理由は、競合サイトの存在です。多くの広告媒体がクリック単価は入札制を採用しているため、競合の存在によって単価が上がってしまうことがあり、コントロールが難しいということになります。

◎「**サイト**」でコントロールできる範囲

「◎」の定義は、サイト側の修正等で改善できるという項目です。表を確認していただくと、こちらでもクリック単価が「△」になっています。その理由は、競合他社の数や運営方針によって影響を受けることがある他、検索連動型広告の場合「品質スコア」という概念があるためです。品質スコアとは、他の広告主と比較した際の「広告の品質」を目安として数値化したものです。

　品質スコアに対する「サイト」側のコントロール可能な領域は『サイトの利便性』と公表されています。弊社がこれまで、品質スコアへの影響を確実に確認できているのは、次の2つです。

① 検索ワードと広告誘導先ページ内の関連性
② 広告誘導先ページの表示速度

　①は広告運用の影響もあるため、「サイト」側の影響度合いは計り知れませんが、ページの表示速度などは、影響度は高いと思われます。

　以上が、コントロール可能な領域テーマとなります。

　このように、実は、コントロール可否・対応可能な項目は明確になっているため、改善策を導くことは、誰にでもできるのです。

品質スコアとクリック単価の関係

◇　◇　◇

　先ほどお伝えした「品質スコア」に関する事例を、1つご紹介したいと思います。

【クライアント】某大手○○用品販売 EC サイト
【環境】ASP[※]の EC カート利用のため、サーバは共有サーバで運用。サイト訪問者数は一般的な EC サイトよりも多く、商品点数や画像も、どちらかといえば多い。
【状態】サイトの表示速度が、体感としても「遅い」と感じる頻度が多くなっていました。
　結果的には、Google 広告の検索連動型広告の品質スコアは**10 → 8 となり、クリック単価は 20％ほど上昇してしまいました。**

　仮に 1 クリック 500 円だとすると、600 円になるわけですから、当然 CPO も 20％上昇しました。CPC（クリック単価）上昇は競合の影響もあるため、表示速度が品質スコア低下 → CPC 上昇に、どれほどの影響を与えたのかは、Google さんのみぞ知るので気持ち悪さが残りますが……。

　表示速度の問題 → 品質スコアの低下 → CPC 上昇、という事態が発生してしまいました。
　最近は、解像度の高い画像・Web 用動画などを利用されている企業様も多いため、表示速度が問題で品質スコアの低下につながり、CPC アップというケースも、運用現場では少なくないのが現状です。
※ ASP・・・Application Service Provider の略。インターネットを介してアプリケーションを提供するサービスのこと。

04 ネット広告の改善策を導く

　さて、ここからのテーマは、ネット広告の改善策についてです。本章の冒頭でもお伝えしましたが、ネット広告の改善策を突き詰めると、**「広告表示回数」「クリック数」「媒体費」「集客の質」という4つの調整**に行き着きます。基本公式と、こちらの4つを理解することで、ネット広告の改善策を導くことが可能になるのです。

　まず、事前に「広告の定義」と「改善テーマ」を共有したいと思います。

■ 定義）対象となる広告
　検索ワードと連動して表示される**「検索連動型広告」と「ネットワーク広告」**（＝検索連動型広告以外と定義）の2つに分けて共有します。後者には、SNSなどを含めたネット広告の大半が網羅されます（広告の種類・概要は本章の最後で解説しています）。

■ 構成）対象広告別に「4つの調整」を解説
　先ほどもお伝えしたとおり、改善を実行するには、①広告表示回数、②クリック数、③媒体費、④集客の質の4つの調整が必要です。
　まずは①検索連動型広告から確認していきましょう。

【 対象となる広告と4つの改善テーマ 】

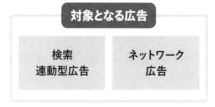

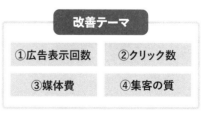

【検索連動型広告】－ 改善策 －

① 「広告表示回数」の改善

　広告表示回数の改善には、目的によって「増やす」「減らす」といった正反対の方針が存在します（基本公式で共有済み）。

〚対応方針〛
● **広告表示回数を「増やす」**
　サイトへの訪問数が少なく、CV 不足の時などが該当します。
〚対応策〛
• キーワードの拡張／マッチタイプ見直し／日予算増額／入札単価
〚解説〛
• **キーワードの拡張**：キーワードを追加して表示回数を増やします。
• **マッチタイプの見直し**：広告を表示させるパターン、定義を見直します。
• **日予算増額**：1 日の予算を増やすことで、表示回数を増やします。
• **入札単価**：入札単価を増額して（入札戦略※の見直しを含む）、表示回数を増やします。

※入札戦略：広告配信の目的・目標によって、入札方針を選択することが可能です。例えば「効率を重視したい」という場合、「目標 CV 単価（CPA）」を優先するための入札単価を任せるケースや、逆に「CV 数を増やしたい」ので、目標 CV 数達成を最優先に、クリック単価上昇は覚悟して「CV 数最大化」を重視した入札単価を任せる。といったイメージです。他にも、広告表示のシェア率重視、CV 数最大化などの設定が可能です。

〚対応方針〛
● **広告表示回数を「減らす」**
　CV 数が少ない上に、表示回数が多く媒体費が増えてしまうような時が該当します。
〚対応策〛
• 検索クエリ除外／キーワード再設定／日予算の減額／入札単価

〘解説〙
- 検索クエリ除外：表示&集客を避けたいキーワードを設定します。
- キーワード再設定：最低限のキーワードで出稿を検討します。
- 日予算の減額：1日の予算を減らすことで、表示回数を減らします。
- 入札単価：入札単価を減額して（入札戦略の再考を含む）、表示回数を減らします。

※日予算や入札単価の過剰な減額は、機械学習の遅延を招く懸念があります。

②「クリック数」の改善

クリック数の改善も「広告表示回数」と同様に目的によって「増やす」「減らす」といった正反対の改善策が存在します。

〘対応方針〙
●クリック数を「増やす」
サイトへの訪問数が少なく、CV不足の時などが該当します。
●クリック数を「減らす」
CV数が少ない上に、クリック数が多く媒体費が増えてしまうような時が該当します。
〘対応策〙
- 「クリック数を増やす」：広告素材の修正／広告表示回数を増やす
- 「クリック数を減らす」：広告表示回数を減らす
〘解説〙
- 検索連動型広告の広告素材は「テキスト」です。従って、クリック数を増やす対応は、ユーザーが「クリックしたい」と思うコピーや文章に修正し、クリック率を高める必要があります。現状の広告素材を修正する他、新たな広告素材の投入などを検討します。
- クリック数を減らす対応は、表示回数を減らすことが最短距離ですが、クリック数を減らしたい背景には、質の悪い訪問者が多いという時もあります。この場合、広告素材で「うちの顧客はこういう人

です（該当しない人はクリックしないで）」という点をわかりやす
く表現し、クリック数を削減する方法も検討します。

③「媒体費」の改善

　媒体費の改善には、「入札制度」と「自動化」という2つの観点を
持つことが重要です。その理由の1つは、多くの広告媒体は入札式で
クリック単価（インプレッション［表示］単価）が確定するため、**競**
合サイトの影響が大きいからです。

　2つ目の理由は、入札戦略は目的・目標を設定し、あとはAI・機
械学習によって自動で運用をしてくれる設定が主流になっているた
め、CV拡大のような「攻め」の設定がベースになると自動化の副作
用が発生する場合があるからです。1カ月などの期間では、全体的な
CPAは合格でも、機械学習中の期間（～1週間など）は、データ集
めの一環で、クリック単価が高額になる時があります（例：1クリッ
ク1万円以上が継続的に続く）。

　こうしたケースは、特に検索連動型広告で発生することが多いので
すが、この場合は過剰単価と判断し、停止等の対応をする必要があり
ます。

　また、逆も然りで、入札単価の上限額設定も可能なのですが、競合
がそれ以上の入札単価を設定している場合は、CVが獲得できないば
かりか、広告の表示回数が激減してしまう事象も発生します。**「CV数」**
と「入札単価」はトレードオフの関係にあり、競合サイトの存在も大
きく影響する、という複雑な状態を忘れてはいけません。

〚**対応方針**〛

● **クリック単価を「減らす」（上昇を防ぐ）**
　CV数が少なく、CPA・CPOが悪化した時が、該当します。

● **クリック数を「減らす」**　※②にて解説済みのため割愛。

〔**対応策**〕 ※原則はクリック数の改善の場合と同様。追加は以下。

- 品質スコアの対策／商標＆指名ワード

〔**解説**〕

- **品質スコアの対策**：Chapter3でも解説したとおり、「検索ワード」と「広告素材・誘導先ページの関連性」などを調整することで改善可能です。
- **商標＆指名ワード**：企業名や商品名（ブランドワード）というのは、本来競合が存在しないため入札単価は安価になり、比例してCPA・CPOも下がるのが通例です。ところが、自社の指名ワードで競合が出稿していると、入札単価が上昇します。改善策としては、出稿企業に対して直接、出稿停止依頼を行います。
- **その他**：入札単価の上限額設定という機能もありますが、前に共有したように、広告表示回数が激減するリスクもあるため、一定のCV数を追いかける企業には、お勧めしません。

④「集客の質」の改善

本題に入る前に「集客の質」について定義をしたいと思います。

▶**定義1）サイト訪問者の質が悪い**

「CVする可能性が低く、**集客すべきユーザーではなかった**」という集客を「**質の悪い集客**」と定義します。

▶**定義2）CVユーザーの質が低い**

「CVするものの、2回目CPO、LTVが低く、**事業成長には寄与しない**」という集客を「**質が低い集客**」と定義します。

〔**対応方針**〕

●無駄な集客を「減らす」

かなり大雑把な改善方針ですが、この一言につきます。集めてはいけないユーザーへのリーチ、広告を露出してはいけないタイミングや頻度などが、無駄な集客を生みます。

〚対応策〛

• 検索クエリの除外／キーワードの再設定／デバイス

〚解説〛

• 検索クエリの除外設定、キーワードの再設定を特に注視します。稀ではありますが、異なる業界で使用されているキーワードや目的意識が異なる意味合いの違うキーワードも存在するので、サイトの直帰率なども確認しながら精査をします。

例）IBF は弊社（Internet Business Frontier）の略称として使用していますが、一般的には、国際ボクシング連盟（International Boxing Federation）が、利用頻度は高い。

また、デバイス別の数値を確認することも、無駄な集客の防止につながります。

　検索連動型広告は、目的意識を持ったユーザーが多いため投資効果が得やすい一方、大量の CV 数（市場）は望めないケースが多く、頭打ちが早い段階で訪れます。ただし、共有済みの改善策も限られているため、シンプルで挑戦しやすい広告です。基本公式の理解にも役立つので、一番はじめに取り組んでみましょう。

　何度も繰り返していくうちに、多くの時間をかけることなく、広告レポートを確認した直後に改善策を導けるようになるはずです。

　何度も繰り返し、実践していきましょう。

　それでは、もう 1 つの広告種別「ネットワーク広告」の改善策を共有していきます。

【ネットワーク広告】 − 改善策 −

① 「広告表示回数」の改善

〖対応方針〗

● **広告表示回数を「増やす」**

サイト訪問数が少なく、CV 不足の時などが該当します。

● **広告表示回数を「減らす」**

CV 数が少ない上に、表示回数が多く媒体費増加時が該当します。

〖対応策〗 ※増減ともに

● オーディエンスの調整／配信面の調整／入札単価の設定／
日予算の設定／デバイス／時間＆曜日

〖解説〗

● **オーディエンス**：ネット広告各社はユーザーデータを趣味・嗜好な
どでグループ分けしており、配信したいグループに向けた広告配信
が可能です。この配信先グループを増減することで表示回数の調整
が可能になります（性別・年齢など属性設定も可能）。

〈 Google 広告のオーディエンス設定画面のイメージ 〉

- **配信面**：広告媒体各社が提携しているニュースサイトやブログなど
  を配信面と呼びます。オーディエンスと同様に、配信先を増減する
  ことで表示回数の調整が可能です（配信面等の広告概要は本章の最
  後で解説しています）。
- **入札単価の増減**：入札単価を増減し（入札戦略※の再考含む）、表示
  回数を調整します。
- **日予算の増減**：1日の予算を設定し、表示回数を調整します。

※入札戦略：検索連動型で解説したとおりです。下の図は、Google広告の入札戦略設定
　画面です。

〈 Google 広告の入札戦略設定画面 〉

四角の範囲が入札戦略の選択エリア

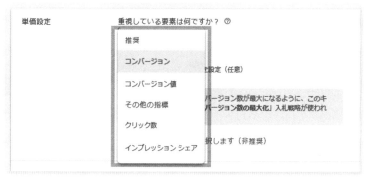

- **デバイス**：PCやスマートフォンなどの配信先のデバイス設定も可
  能なため、デバイス別の成果を確認し、広告表示の増減を調整す
  ることも改善につながります。
- **時間＆曜日**：対象顧客の生活シーンを想定して、時間と曜日などを
  調整することも改善につながります。

② 「クリック数」の改善

〔対応方針〕

● **クリック数を「増やす」**

サイトへの訪問数が少なく、CV不足の時などが該当します。

- **クリック数を「減らす」**

　CV 数が少ない上に、クリック数が多く媒体費が増えてしまうような時が該当します。

〖**対応策**〗※増減ともに。原則、広告表示回数の改善の場合と同様。他は以下。

- 広告素材の修正／フリークエンシー設定

〖**解説**〗

- ネットワーク広告の広告素材は「テキスト」と「バナー・動画」です。従って、クリック数を増やす対応は、検索連動型広告の改善の場合と同様にユーザーが「クリックしたい」と思うコピーや文章、画像に修正するか、新しい広告素材を投入します。特に SNS 広告などの場合、広告素材がすぐに疲弊してクリック率が悪化する傾向が強いため、常に新しい広告素材の準備をすることが重要です。

- クリック数を減らす他の改善策としては、誤タップ（誤った広告クリック）が多いと思われる配信先の精査・停止なども効果的です。

- フリークエンシーの設定：フリークエンシーとは「１人のユーザーに対しての広告表示回数」です。一定期間内に、ユーザーに対しての表示数設定が可能です。追いかけ続けても、CV しないユーザーは CV しません。こちらの機能を利用することで、配信頻度を制御することが可能になり、無駄なクリック数を削減できます。Google 広告の管理画面では「フリークエンシーキャップ」と呼ばれています。

③「媒体費」の改善

〖**対応方針**〗

- **クリック単価を「減らす」（上昇を防ぐ）**

　CV 数が少なく、顧客獲得単価が悪化した時が該当します。

- **クリック数を「減らす」** ※ 共有済みのため割愛します。

〖**対応策**〗※原則、クリック数の改善の場合と同様。追加は以下。

- クリック率（up）の改善（インプレッション課金の媒体に限る）

〔解説〕
- CV 数や顧客獲得コストの改善が必要な際、広告表示回数＆クリック数の改善で共有した策を実施します。
- **クリック率の改善**：SNS 系ではインプレッション課金の広告媒体も存在します。インプレッション課金（※CPM）とは、クリックの有無に関係なく、表示されたら課金される広告です。

  ※ CPM：Cost Per Mille の略。1,000 回表示単価で設定されます。

  例）10 万回表示 ÷ 1,000 × CPM 100 円＝ 10 万円

  つまり、クリック数が増えれば増えるほど、クリック単価が安価になり、訪問数が増え、CV 数が増える確率が高くなり、CPA・CPOといった指標の改善率も上昇します。

  例）クリック数が多ければ、同じ 10 万円でも訪問数が異なる
  - ▶ 課金合計 10 万円÷ 100 クリック＝クリック単価 1,000 円
  - ▶ 課金合計 10 万円÷ 1 万クリック＝クリック単価 10 円
- SNS 系媒体は、毎日サービスを利用しているユーザーが多いので、広告（素材）に触れる機会が自ずと増えます。そのため、広告素材の疲弊が早くなる傾向があり、クリック率を高めるには、常に新しい広告素材の投入が必要となります。

④「集客の質」の改善

〔対応方針〕

● **無駄な集客を「減らす」**

〔対応策〕

- オーディエンス・配信面の再考／デバイス／曜日・時間

〔解説〕

- これまで共有してきた内容と、ほぼ同様となりますが、特にオーディエンスと配信面の再考がポイントとなります。集客の質に関与する確率が高いのは、オーディエンスと配信面の 2 点です。

  ※過剰な絞り込みは、機械学習の遅延が懸念されます。

本章で確認してきた「広告表示回数」「クリック数」「媒体費用」の3テーマは、広告投資を事業成長に直結させるための、いわば土台づくりです。こちらのテーマが最適化されていれば、事業成長が約束されるのか？ というと、全てが直接的に関与するとは断言できません。ですが、土台づくりという重要なテーマに変わりはありません。

前にも共有したように、経路別の半年 LTV などは、**因果関係の濃淡をつけることは可能ですが、明確にすることは困難です。**

一方、本章で共有した「表示回数×クリック率＝クリック数」の関係や「クリック数× CVR ＝ CV 数」などは、因果関係を明確にしやすいテーマです。マーケティングの成長を考えると、インパクトが小さい時も「PDCA」をコツコツと積み上げていくしかありません。特にネット広告の改善に関しては、この習慣を組織全体で身につけることが、非常に重要な意味を持ちます。

ぜひ、組織全体で「PDCA の習慣」を体得してください。

【参考】広告媒体の種類

◉ 立ち上げ時に外せない「検索連動型広告」

ユーザーが入力した「検索キーワード」に連動して表示される広告です。

〈 Google の「EC サイト　コンサル」の検索結果画面 〉

【弊社広告】というエリアが検索ワードに連動した広告

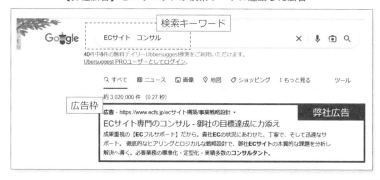

◎ ディスプレイ広告

　Google（Yahoo! なども同様のサービスあり）が提携している様々なサイトに広告配信が可能です。お金の流れは、広告主→ Google →各提携サイトへという流れです。配信に関しては、前述の表のとおりです。GDN（Google のディスプレイ広告）とは、Google Display Network の略です。

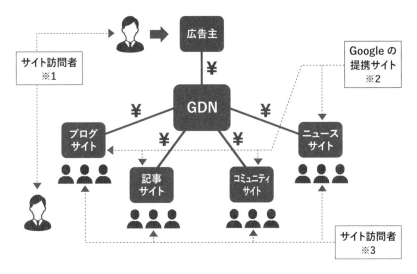

※1 広告主のサイトを訪問したユーザーが、提携サイトを訪問した際に、広告が表示される「リターゲティング広告」。
※2 配信面というのが、提携サイトのことです。管理画面で数値を確認し、除外・配信強化などの調整が可能。
※3 広告配信各社（Google 等）が、ユーザーの行動履歴などから興味・関心別にグループ分けを行っており、そのグループを取捨選択しての配信（オーディエンスの設定）が可能です。

◎ SNS 広告

　Instagram など各種 SNS 広告も、ディスプレイ広告と同様の配信が可能です。お金の流れにアカウント所有者が含まれていませんが、企業と直接契約して自身のアカウント内で宣伝するといった広告モデルがインフルエンサー広告と呼ばれています。

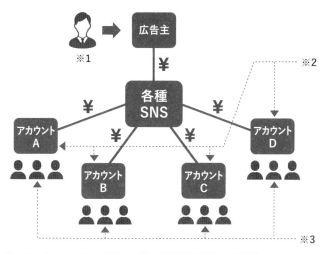

※1～※3は、ディスプレイ広告と同様の配信が可能という意味です。

◉ 動画広告

　媒体は、広義の意味では「YouTube」、狭義の意味では「各YouTuber」です。YouTuberの動画コンテンツ視聴の合間に広告動画が流れ、その視聴履歴に応じてYouTuberに広告費の一部が支払われます。また、Instagram同様にYouTuberにお金を支払って、企業の製品・サービスを紹介してもらう広告も存在します。

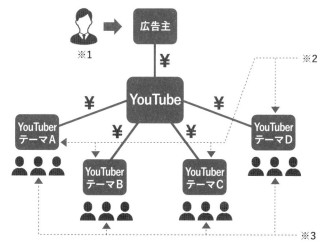

※1～※3は、ディスプレイ広告と同様の配信が可能という意味です。

最後に、この状態はマズいですよ、という注意喚起を含めた、事例を共有したいと思います。

《事例》こんな状態は注意（特Sランク級）
～KPIの握りが浅い・未設定・不適切な設定～

【特Sランク級】大手企業の主力事業ではないWeb事業をはじめ、目的がフワッとしたWeb事業に多く見られる状況です。最近は遭遇する機会が減っていたのですが、ここ最近、コロナ禍の影響でマーケティング知識のない企業のWeb・EC参入が増えたことで再び、似たような状況に陥る企業が増えているように感じます。

- **広告投資効果の『測定項目』**

　購入などが指標として設定されていない状態。訪問数、PV数、メルマガ会員のCPAなどが指標として設定されている。

- **『事業全体の数値測定項目』**

　訪問数、PV、1人あたりのPV数、メルマガ配信数、メルマガ経由の売上、全体売上など。『測定項目』と『事業全体数値』の因果関係の仮説も立てられない状態で、議論をしても終始「推測だけ」に止まる状態。

〔**なぜ、注意が必要？**〕

　自身の資金を投入したと思えば、すぐにわかるかと思います！

　ご自身のお金を投資した際、こんなに曖昧な数値管理をしますか？

〔**対応方法**〕

- 社内での事業内容や投資目的の確認
- 「素人だからわからない」と逃げ出さずに勉強する

〔**補足**〕

　誤解をおそれず、言葉を選ばずに言うと、広告運用を生業にしている会社としては、このような案件は「とても美味しい案件」です。なぜなら、「責任がないに等しい案件」だからです。ですが、永くは続

きません。支援企業は進化せず、ぬるま湯に慣れてしまいます。ですから「一時的な収入」で終わってしまい、「美味しい」状態は続きません。

《 事例 》 こんな状況は注意（Sランク級）
〜広告レポートの読み取りが甘い〜

【Sランク級】広告レポートが、「媒体名」「広告キャンペーン・グループ名称」と数値が羅列されているだけ（管理画面のレポートを整形した状態）。折れ線グラフ・バブルグラフなどに加工し、数値の変化や課題などの説明を受け、今後の設定方針のみ。

- 広告設定単位の数値を羅列しているだけのレポートをベースに
- 変化や課題、今後のアクションに対して説明を受け
- 前進している「気」になっている。←この状態×

〔なぜ、注意が必要？〕

「事業成長」の観点が欠落しているという根本的な課題がありますが、これは契約時の条件などもあるため置いておきます。問題は「誰に、どのような訴求をしているのか？」「それらの意図と目的と正解は？他の訴求は？」といった最低限の議論ができない状態だからです。

〔対応方法〕

- 広告配信の意図（対象者や目的）の共有
- クリエイティブ要素（テキスト、バナー、動画）の共有

〔補足〕

社内外の運用に限らず、レポート作成には工数が発生します。外部に作成を依頼する場合、厳しい要求ができるか？ は、（冷たく聞こえるかもしれませんが）関係性と広告予算次第です。広告予算額と不釣り合いな要求は、外部の委託先から断られることもあると思いますし、強引に依頼すれば、長期的にはお互いの精神衛生上、良くない状態を招いてしまいます。

《 事例 》 こんな状況は注意（A ランク級）
〜「新規」と「リピート」を区別していない 〜

【A ランク級】前提として、Web 完結可能な事業が「新規」と「リピート」に分けて管理できていない状況です。

- レポートに「新規」と「リピート」の区別がなく、「CV」に全て含まれてしまっている。
- 広告配信や施策の意図・目的に「新規」と「リピート」向けの区別ができていない。

〔なぜ、注意が必要？〕

投資目的が新規であれリピートであれ、効果を分けて把握する必要があります。CV が新規とリピートに区別されていなければ、それぞれの投資効率が不明確なため、最適な広告費の配分ができません。

〔対応方法〕

- 新規とリピートを分けて、成果を管理する（完璧を求めすぎず、大体でも OK）。
- 数値を確認し、新規とリピートの各施策を分けて考える。

〔補足〕

新規・リピートを分けて管理することは基本中の基本ですが、未対応の企業がまだ多いというのが実情です。事業の段階によって、分析対象を分けることで余計な工数が増えるという考え方も現実的にはありますが、多くの企業が最少工数で管理する努力すらサボっているように感じます。自社で管理・コントロール可能な領域を増やす努力をしていきましょう。

Chapter 7

クリエイティブの
改善

　本章では、「クリエイティブの改善策」について共有していきます。
AI 化が進むデジタルマーケティングにおいて、クリエイティブが担
う領域は非常に重要です。広告配信は今後、技術の進化と共に AI が
担当する領域が広がっていくのは明らかですが、「クリエイティブ」
の領域を AI が担うまでには、かなりの時間を要するでしょう。

　本章でいう「クリエイティブ」とは、広告からの集客数を担う「広
告素材」（テキストや画像・動画など）と、集客後の製品やサービス
を説明するランディング（着地）ページを指します。こちらの双方の
改善策を皆さんと共有していきます。

　製品やサービスによって条件や評価は異なるため、「良いクリエイ
ティブ」とは何かを定義するのは難しいです。しかし、改善やテスト
を重ねることで、確実にクリエイティブの質は向上します。

「集客」と「クリエイティブ」は、車に喩えるなら「前輪」と「後輪」
です。クリエイティブに大きな穴があっては、本来、手にすることが

できた成果を、自ら手放すことになります。クリエイティブ制作後、改善をせずに完全放置状態という企業も少なくないと思いますが、これは非常に勿体ない状態です。

クリエイティブ制作前の情報設計に関しては Chapter 3 の第 4 節で共有していますが、どんなに素晴らしい設計をしても、期待した結果を下回ることはザラにあります。見込み顧客がサイトに訪問するまでは、結果は誰にもわかりません。厳しいですが、これが現実です。

本章では、厳しい結果を目の当たりにしても迷わずに前進できるように、**クリエイティブの『改善策』**をマスターしていただきます。制作業務は、社内でも外部委託でも、体制は問いません。

◎ 改善対象のクリエイティブは？

繰り返しますが、対象となるクリエイティブは「**広告素材**」と「**サイト**」です。ネット広告で共有した「基本公式」（153 ページ参照）を思い出してください。

広告素材は【広告表示回数 × クリック率＝クリック数】の式の**クリック率（CTR）**に関与します。クリック数＝訪問数ですから、顧客になる確率が高い人にひとりでも多く訪問してもらうためにも、広告素材の役割は重要です。広告素材は、「良質な見込み顧客の集客」という重責を担っているのです。

一方、**サイト**は【クリック数 × CVR ＝ CV 数】の式で表す **CVR（転換率）**に関与します。広告素材が頑張って「良質な集客」を実現しても、誘導先のサイトに欠陥があっては、穴の空いたバケツには水が貯まらないように、CV 数はいつまでも伸びません。CVR の高いサイトを持つことは、事業成長を実現するための第一歩といえます。

◎ どのように改善するか？

クリエイティブを改善するには、複数のクリエイティブを実際のユーザーに披露する『**クリエイティブテスト**』を行うしかありません。

前に共有したように、Google は広告素材を 5 パターン入稿することで、1 パターンの時よりも CV 数が 10％増えると公言しています。その背景には、Google 広告が機械学習・AI から得た膨大なデータに裏付けられた事実があると推測されます。

　余談ですが、Google 社は、我々のような広告運用支援会社には「クリエイティブを頑張ってください」というメッセージも出しています。理由は、AI・機械学習が活躍するためにはデータの量と質が重要だからです。つまり、広告素材を複数投入することで、必要なデータの量と質が増え、機械学習がより力を発揮することにつながるのです。
　話が脱線しましたが、本題に入る前に、弊社のクリエイティブテストの事例をいくつかご紹介したいと思います。

《 事例 》 広告素材のテスト結果

No.	画像	タイトル	表示回数	クリック数	クリック率	コスト	成約数	成約率	CPO
1	A	がっかり素肌の 40 代へ	484,778	229	0.047%	¥13,168	0	0.00%	¥0
2		たるみ素肌の 40 代へ	407,192	173	0.042%	¥9,648	0	0.00%	¥0
3	B	【たるみ】以外の人は見ないで!	6,951,493	3,904	0.056%	¥224,480	6	0.15%	¥32,533
4	A	え!?【たるみ肌】が 2 週間で !?	5,017,338	2,214	0.044%	¥127,305	12	0.54%	¥9,225
5		40 代絶賛! 2 週間【たるみケア】	1,100,792	503	0.046%	¥28,923	1	0.20%	¥25,150
6	C	40 代たるみケア【3 つの秘密】	6,581,789	3,616	0.055%	¥207,920	3	0.08%	¥60,267
7	C	時短たるみケア【3 つの秘密】	522,708	278	0.053%	¥15,985	0	0.00%	¥0
8	A	たるみ素肌の 40 代へ 肌にヒアルロン酸の 44 倍!	551,919	263	0.048%	¥15,123	0	0.00%	¥0
9	C	たるみ、ピーンと輝くハリ艶肌に!	460,362	209	0.045%	¥12,018	0	0.00%	¥0
10	A	話題のたるみケアが1850円!	437,461	188	0.043%	¥10,810	0	0.00%	¥0
11	B	鏡が怖い…40 代たるみ肌の方限定	526,319	236	0.045%	¥13,570	1	0.42%	¥11,800
12	B	えっ! これ私? 鏡が怖い…たるみ肌	460,230	207	0.045%	¥11,903	0	0.00%	¥0
		合計	23,502,381	12,020	0.05%	¥691,150	23	0.19%	¥30,050

クリック率

獲得単価

広告クリエイティブによって6・5倍の差

181

「クリエイティブの改善」となると、腰が重い企業がほとんどです。まずは、弊社の運用現場で、実際に行われているテスト内容と、その効果を共有し、モチベーションを高めていただいた後、具体的な内容を共有して、行動していただければと思います。

　前ページの表は、少し前の弊社クライアント様が、あるプラットフォームに出稿した時のデータです。一番左に記載されている【画像A】＝商品画像、【画像B・C】＝人物画像です。タイトルもそれぞれ案を出しました。いろいろな理由があって、12パターンの広告素材を入稿し、訴求軸が複数混在した形でテストがスタートしました。

　結果的には、No.4が圧倒的な成果を出し、最も結果が悪かったNo.6のCPOと比べると、6.5倍の差が生じました。

《 事例 》検索連動型広告：広告素材（タイトル・説明文テスト）

No.	検索エンジン	表示回数	クリック数	クイック率	コスト	CV	CV率	CPA
8		259,301	1,488	0.57%	¥618,270	17	1.14%	¥36,369
11	Yahoo!	254,430	1,354	0.53%	¥576,401	21	1.55%	¥27,448
12		1,213,729	5,502	0.45%	¥1,407,639	27	0.49%	¥52,135
14		310,623	1,409	0.45%	¥531,647	9	0.64%	¥59,072

No.12が従来の広告です。
広告配信の自動最適化によって
表示回数に偏りが発生しています。

CVR（CV率）が2倍以上のため、
CPAも大きく差が生じています。

　こちらは、検索連動型広告のタイトル・説明文のテスト事例です。

　1番左のNo.12の「タイトル・説明文」が、いわばエースのような存在で、安定的に良い成績を残していました（広告配信の自動最適化によって表示回数に偏りが生じています）。

　そこに新たなクリエイティブを投入して、テストを行った結果、最も良い成果を出したのがNo.11です。

　誘導先は同じ専用ページで、CVRで2倍以上の成果を出したため、CPAに大きな差が生じました。その後、No.11が継続的に良い成績

を残し、エースの座を奪い取りました。

　スポーツのレギュラー争いと同じように、検索連動型広告に限らず、主力クリエイティブはいつの日か、必ず新しいクリエイティブに追い抜かれます。

《 事例 》サイト内部のクリエイティブテスト

　最終的な行動へのボタンである【CTA】の位置は、サイトによって様々なのですが、以下のテストは、「CTA の正しい位置はどこか？」を検証した事例です。

※ CTA：Call To Action の略。「行動喚起」を促すボタンを指します。

　下の図 A・B の 2 パターンの違いは、以下のとおりです。
- **A**：ページ途中の数カ所に CTA ボタンを配置
- **B**：CTA ボタンは、ヘッダーに固定

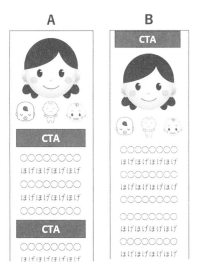

テスト結果は、次のとおりです。

	A	B
訪問数	5,370	4,575
CV 数	210	248
CVR	3.91%	5.42%
偶然率	0.03%	
優位性	99.97%	

※テスト期間は 1 カ月

　結果としては、〈ヘッダー固定の B〉が勝ちました。CVR の差は 1.4 倍程度ですが、この結果が偶然なのか？ それとも、再現性が得られるのか？ カイ二乗検定（統計学）で計算した結果、偶然率は「0.03%」

となりました。偶然率５％以下であれば、理論的には優位性・再現性
アリとなるため、Ｂを採用するという結論になりました。

　ご紹介した事例は、勝敗がわかりやすい例ですが、実は、クリエイ
ティブテストの現場は、毎回必ず成果を得られるほど、甘くはありま
せん。
　バナーなどの広告素材のテストは、成果を得られることが多いので
すが、広告の誘導先となる「サイトや専用LP」では、CVR改善に大
きく貢献してくれる“キラキラした”クリエイティブと出会える確率
は高くありません（諸条件によって異なりますが）。
　とはいえ、重箱の隅をつつくようなテストは不要ですし、全ての制
作物に対してテストを実施する必要もありません。
　ただ、競争が激しい市場では、一定レベルのCVRを追求し、徹底
してクリエイティブテストを実施する必要があります。理由はシンプ
ルで、自社でコントロール可能な領域であり、「CVR改善」は事業へ
のインパクトが大きいからです。

　先ほどのCTAテストによる、影響度を例に考えてみましょう。
- Ａに絞った場合：
　　訪問者 9,945 × CVR 3.91% ＝ 388 × 12 カ月 ＝ 4,656
- Ｂに絞った場合：
　　訪問者 9,945 × CVR 5.42% ＝ 539 × 12 カ月 ＝ 6,468
　Ｂに絞った時の**1 年間の CV は 1,812 件**（＝ 6,468 - 4,656）の増
加です。

　仮に、1 件あたりの利益が（1 回の購入時でも LTV でも構いません）
- 1,000 円であれば …… 181 万 2,000 円
- 5,000 円であれば …… 906 万円
- 1 万円であれば …… 1,812 万円
　　となります。

CTAテストによる影響度は侮れない！

CTAテストを「するか」「しないか」によって
これだけの結果の差が出る可能性があるのです

1件 = 1万円
であれば
1,812万円！

1件 = 5,000円
であれば
906万円

1件 = 1,000円
であれば
181万2,000円

A・Bどちらかに絞った未来を同時に覗くことはできないため、絶対とは言い切れませんが、計算上は上記の理屈が成立します。
「うちのサイト訪問数でテストの意味があるの？ リソース的にも厳しいし……」という方もいらっしゃると思います。

限られたリソースで「いつ実施すべきか？」という判断に悩んだ際は（単価や事業モデルにもよりますが）、のちほど試算例を紹介していますので、そちらで検討してみてください。

テストの労力は、訪問数の多少に関係なく等しく発生するので、いつ実施するか？ の判断に悩むのも理解できます。自社にとって最適なスタート時期を検討した上で、実施に踏み切っていただければと思います。

01 クリエイティブテストの意義

　いくつか共有した事例は、すでに利用しているクリエイティブの改善を目的としたテストですが、実際の制作現場では「こっちのコピーが良い？ こっちの写真が良い？」など、必ず「迷い」が生じます。迷った際は、決定権のある人を交え、協議をすると思いますが、誰に相談しても、百パーセント正しい答えを導ける人などいません。

　何をお伝えしたいかというと、<u>迷ったアイディアは、テストをしましょう</u>、ということです。なぜなら、**<u>迷ったクリエイティブはダイヤの原石の可能性がある</u>**からです。

◉ デジタル・Web マーケティング最大のメリットを活かす

　繰り返しになりますが、デジタル・Web マーケティングを展開する最大のメリットは、次の 2 つです。

- **あらゆる施策が「データ化」され「数値」として確認ができる。**
- **それによって「様々なテスト」が容易に実行できる。**

　実際のところ、テストを実施するには制作などの労力・工数が発生しますが、Google の無料ツールなどを活用することで、誰でもプロと同じような環境を持つことができます。

　また、『文字だけ』のテストによる訴求のベース開発も可能です。これは、誰にでもすぐにできます。

　デジタル・Web マーケティングを駆使し、先を行く企業は、恒常的に"意味のある"テストを実施しています。このような企業に対して、テストもせずに競争を挑むのは、竹槍を持って戦車に突っ込んでいくようなものです。ただ、ここまでお伝えしても、なかなか行動に移せない企業が多いようです。そこで、以下に「どのタイミングで実施すべきか？」の試算を準備したので、ご確認ください。自社サイトの現在・未来の訪問数で、確認していただければ幸いです。

▣ どのタイミングでクリエイティブテストを実施すべきか？

次の表の試算イメージは、訪問数別に「広告素材の改善：CTR（クリック率）」「サイトの改善：CVR（転換率）」という2つの要素のいずれか、または双方を改善したパターンを試算しました。

訪問数は3,000と5,000を想定しています。それぞれ改善前・改善後の効果を試算しています。期間の単位は、日・週・月でも、みなさんのサイトに近い状態でイメージしてみてください。

【 訪問数 5,000 のサイトによるテーマ別改善試算 】

〈テーマ〉CTR・CVR 双方が改善

表示回数	166,666		
	改善前		改善後
CTR	3%	→	4%
訪問数	5,000	→	6,667
CVR	1.50%	→	2.00%
CV数	75	→	133

〈テーマ〉CVR が改善

表示回数	166,666		
	改善前		改善後
CTR	3%	→	3%
訪問数	5,000	→	5,000
CVR	1.50%	→	2.00%
CV数	75	→	100

〈テーマ〉CTR が改善

表示回数	166,666		
	改善前		改善後
CTR	3%	→	4%
訪問数	5,000	→	6,667
CVR	1.50%	→	1.50%
CV数	75	→	100

【 訪問数 3,000 のサイトによるテーマ別改善試算 】

〈テーマ〉CTR・CVR 双方が改善

表示回数	100,000		
	改善前		改善後
CTR	3%	→	4%
訪問数	3,000	→	4,000
CVR	1.50%	→	2.00%
CV数	45	→	80

〈テーマ〉CVR が改善

表示回数	100,000		
	改善前		改善後
CTR	3%	→	3%
訪問数	3,000	→	3,000
CVR	1.50%	→	2.00%
CV数	45	→	60

〈テーマ〉CTR が改善

表示回数	100,000		
	改善前		改善後
CTR	3%	→	4%
訪問数	3,000	→	4,000
CVR	1.50%	→	1.50%
CV数	45	→	60

テストの実施工数は、広告表示回数や訪問数に比例して増えるということはありません。従って、可能な限り母数が多い状態で取り組みたいと考えるのは正しい判断です。

いずれにしても、試算サンプルのように検討したうえで、顧客単価やLTVを考慮し、クリエイティブテストの投資に見合うのか？ を検討されることをお勧めします。

02 クリエイティブテストの準備

　ここからは、具体的な内容に入ります。まずは、テスト進行の全体像を理解していただきながら、注意点を共有していきます。

▣ テストの「オタク」にならない

　クリエイティブテストの目的は、複数案の中から、最も成功率の高いクリエイティブを探すことです。しかし、ただ実施すればよいというものではありません。前提として、2つの注意点を共有したいと思います。

1）投資効果を考える

　クリエイティブテストをする際は、原則として「投資効果」を考慮しなければいけません。特定の市場（飽和状態）や製品（季節に応じた変化や新製品・製品改良がない）などの場合、テストを繰り返していると、限界点が必ず訪れます。

【 テストを繰り返していると必ず限界点が訪れる 】

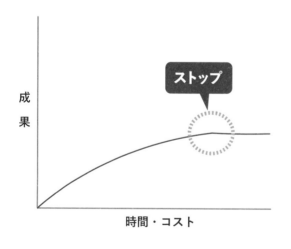

限界点が来たら
いくら投資しても
効果は期待できないので、
新しいクリエイティブに
投資先を切り替えましょう

限界点が来た場合（特に CVR を追う専用 LP や本サイト）、市場や競合に大きな動きがなければ、暫くは同じクリエイティブで問題ありません。ただし、競合との状況、広告への投資予算などによって、この限界点は大きく変わるため、「自社にとっての限界点の見極め」が必要です。

また、CTR（クリック率）を担う広告素材は、一定のテストを実施して成果を確認できれば、一定期間は同じクリエイティブを使用し続けても問題ありませんが、基本的には疲弊が早いのが近年の傾向です。SNS 系の媒体で使用するバナーなどは、すぐに「枯れる」ので、常に新しいクリエイティブの準備が必要です。

従って、数値が悪化したら、瞬時に新しいクリエイティブを投入できるように準備しておくことが望ましいです。

2）目的を見失わない

クリエイティブテストの成功体験を積んでいくと、ついつい気持ちよくなって「テスト」が目的になってしまう時があります。今でこそ減りましたが、弊社でも少し前までは、テストの「オタク」になってしまい、得られる成果が小さいテーマにもかかわらず、悪気なく一所懸命にテストを実施してしまうことが、たびたびありました。

しかし、マーケティング投資の目的は、「持続的」に収益を生むことです。テストはあくまでも「手段」であり、「目的」ではないので、投資効果のバランスを常に考えて行う必要があります。

◎ クリエイティブのテスト案を考える

自社でテストを実施しようとして、テスト設計に悩んでしまうという企業様が少なくありません。そこで、クリエイティブ案を検討するにあたり、最も重要な2つのテーマをお伝えします。

- 「誰に」「何を」「どうやって」伝えるのか？
- 対象顧客に適切な内容か？

Chapter 3 でペルソナ（60 ページ参照）について触れたので、「誰に」という点の説明は割愛しますが、クリエイティブテストは、「誰に」が確定した状態での実施が前提で、次に「何を」「どうやって」伝えるのか？ そして対象顧客に適切な内容は何か？ の検証がポイントとなります。

　多くの企業は「弊社の製品を買ったほうが良い理由は、こうです！」「弊社はすごいですよ！」といった、**自社が伝えたいことに縛られている**ことが多いようです。
　なぜ、そうなってしまうのでしょうか？
　その理由の 1 つとして、多くの企業や担当者が、組織の都合や売上至上主義、ノルマといった「数字」に追われ過ぎていると、現場で感じることがあります。

　誤解を恐れずに言わせていただくと、本来、企業の「売上」というものは、対象となる顧客の課題や悩みの解決、喜びなど心理的な心地良さや安心などとの「交換」の【証】のはずです。ところが、そうした本質を見失い、「顧客に買わせたい」「どうやって買わせるか？」といった売り手側の心の声が、マーケティング現場の「伝え方」に、現れてしまっているようなサイトが多いように感じます。
　数字や目標を追いかけるのは、言うまでもなく事業を推進する上で必須の要素です。ですが、それらが「焦り」という形で対象顧客とのコミュニケーションに反映されてしまうのは、事業にとっても、対象顧客にとってもマイナスでしかありません。
　また、こうしたマイナス面が「焦り」とは別の形で現れることもあります。例えば、「お客様は神様です」という古い商習慣に囚われてしまっている状態や、「どうか、お買い上げいただきたいのです」と顧客に迎合しすぎるのも、ある意味「縛られている」状態と言えます。
　そうならないために、次の図を確認しながら、最も適切なコミュニ

ケーションの状態を整理していきましょう。

【 C ＝ 企業と対象顧客を強く結びつける言葉を探す 】

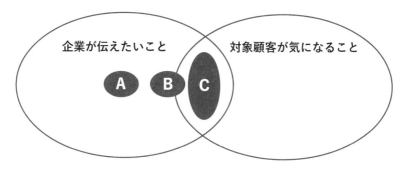

前述の「買わせたい」という切り口は、伝えることだけに縛られている状態の【A】です。そして、【C】が双方を強く結びつける言葉であり、クリエイティブテストは、この【C】を発見するために実施します。そして、【B】は「あと少し！」という状態ですね。

今の時代の人々は、SNSなどを通じて情報に触れる機会が爆発的に増えています。おそらく、人が処理できる量を遥かに超える情報に触れているでしょう。当然、**皆さんの対象顧客も、情報の中身だけではなく、発信者の心理を含めた「情報処理」の練習を毎日実施しています。**いわば、情報を処理するための1,000本ノックを毎日受けているようなものです。そのため、【A】がスルーされるのは必然的な結果・環境といえます。

私たち事業主は、この点を強く意識する必要があります。

本書でいうクリエイティブテストとは、【B】の状態から【C】を探すことを指します。【A】の状態から【C】に一気に飛ぶことはできません。では、【A】ではなく【B】の言葉を開発するためには、どのような方法があるでしょうか？

以下に5つのSTEPで整理しましたので、確認していきましょう。

03 訴求の切り口・言葉を開発する 【5つの STEP】

　ここでご紹介する5つの STEP ですが、手順どおりに実施する必要はありません。自社の状態を確認しながら、目標・目的が達成できる最短距離を探ってみてください。

　また、前ページの図中にある【B】の言葉の開発は、慣れればすぐに作れるようになりますが、慣れるまでの間は、本テーマの内容を実践してみてください。

〈STEP 1〉ファンを知る・ファンになる
● 既存のファン顧客と、アンケートではなく直接会話する。
● 頭を切り替えて、自身が「ファン顧客」になりきる。

〈STEP 2〉材料をかき集める・つくる
　ファン顧客と会話した後、ファンに完全になりきった状態で、次の3つの問いに対して、脳に汗をかきながら絞り出します。
- ファンが、はじめて「自社製品・サービスを導入しよう」と判断したきっかけは何か？
- 「他社製品を選ばなくて良かった！」というファンが幸せ MAX な状態の時に、生まれる言葉は何か？
- ファンの「幸せ MAX な状態」に貢献した具体的な機能・要素（自社・製品の特徴、実績 etc）は何か？

〈STEP 3〉材料を整理する
　STEP2 で絞り出した言葉をグループ分けします。グループ分けの方法は、Chapter 3 の第4節の情報設計（72 ページ～参照）で共有した「5つの必須パーツ」への分類で、分類後に言葉を組み合わせて文章を作成します。細かいことは考えず、コピー案を複数パターン作りま

す（最低 20 個）。

〈STEP 4〉実際に購入する

作ったキャッチコピーに URL を設定します。URL の遷移先は対象となる製品・サービスページです。次に、今度はファンではなく「他社を含め、まだ選定中」という対象顧客になりきった状態で、先ほどのキャッチコピーをクリックして、購入のシミュレーションをします。これを何度か繰り返します。

〈STEP 5〉違和感を材料に修正する

クリックする瞬間、飛び先のページに到着した瞬間、購入過程での違和感などをメモとして残し、何度かクリックと購入を繰り返しながら修正を加えていきます。

以上の手順で【B】の言葉を発掘してみてください。

ビジネスメールのブラッシュアップなどで経験した人は多いと思いますが、「自分にメールを一度送る」という工程を踏むと、受信者の立場・気持ちになってメールを読み返すことができ、スムーズに編集できるようになります。

また、メール編集同様、ファンや対象顧客の立場にできるだけ近い環境や心理状態を構築することで、実践向きのクリエイティブを作ることができるようになります。ぜひ、実践してみてください。

なお、弊社では広告訴求を整理する際「11 のパーツ」や、人の欲求などを合わせて 25 項目の「型」から訴求の切り口を開発しています。文字数の関係から全てをお伝えできませんが、以下に一部をご紹介しますので、みなさまの企業の「型づくり」の参考にしてください。

例）**実績・独自性・信頼・機能・希少性・好奇心・実証データ・第三者評価・対象者絞り・母性＆保証・異性・利益・認識＆同調**などです。

04

「クリエイティブテスト」の【手順】

　前のテーマでは、「訴求の切り口・言葉」について共有しましたが、次は、全体的なテストの進め方について共有していきます。

回 クリエイティブテストの手順
　まず、「訴求の切り口・言葉」の開発後、どのような手順でテストを実施したらよいのかを共有したいと思います。その「王道パターン」が以下の流れです。

① すぐに取り組める媒体でクリック率（CTR）をテーマに速く＆小さな正解を複数知る
② クリック率で得た正解を、サイト（CVR）に転用・活用する

　時間を要するテストは後回しにして、小さな「成功体験」を積み重ねることを優先します。こちらも、慣れれば手順の省略など、自社に最適なパターンが習得できますので、慣れるまでの参考として、以下の手順を確認してみてください。
　まずは、①のクリック率（CTR）をテーマにしたテストの大まかな流れを、具体的に確認していきましょう。

〈 STEP 1 〉検索連動型広告でテストを開始
　すぐにテストを実施できる媒体は、検索連動型広告です。実際に検索連動型広告に出稿しながらテストを行います。ご自身で管理画面から設定してもよいですし、広告運用を代理店に委託中であればテストの相談をしてみてください。検索連動型広告には文字だけでテストができるという利点もありますが、SNSなどと比べると自発的に情報を検索しているユーザーが多いので、「響く言葉」「スルーされる言葉」

といった言葉の優劣が明確になることが多いという利点もあります。

　実際に検索連動型広告という市場で「対象顧客」に広告素材（キャッチコピーや説明文）を投げかけ、その結果を「正解・不正解・正解かも」に分類して評価します。具体的な方法に関しては、他の STEP も含め、のちほど解説します。

〈 STEP 2 〉ネットワーク広告で「言葉」のテスト

　検索連動型広告で正解を得た後は、配信対象者のグループ（オーディエンス）でテストを実施します。利用する媒体は、Google のネットワーク広告（GDN）の「レスポンシブディスプレイ広告」という配信です。細かい内容は割愛しますが、ポイントは「画像と言葉」がセットになる広告素材なので、もう一歩進んだテストが可能なことです。

　また、バナー作成が困難な場合は写真でも OK ですし、1 パターンでも OK です。ただ、「言葉」に関しては、STEP 1 で勝ち残った複数パターンをテストしましょう。「画像は 1 つ＋言葉は複数」というテストを行うことで、結果に対しての因果関係を「言葉の力」だけに絞って検証することが可能になります。

〈 STEP 3 〉ネットワーク広告で「画像」のテスト

　STEP 2 で「言葉の正解」を得られたら、最後は画像テストです。今度は、言葉は 1 つか 2 つに絞り、画像を複数パターン用意します。画像は写真でも OK です（「画像の力」の因果関係を明確にするために、言葉は可能な限り 1 つにしたほうがよいでしょう）。ちなみに、バナーは闇雲に制作するのではなく、このテストのタイミングで着手するのが最も慎重な進め方といえます。バナーで使用するコピーなども、これまでのテスト結果を反映させることで、確かな検証結果を基に制作することができるようになります。

「回りくどくないか？」

◇　◇　◇

　近い将来、全ての広告メニューにおいて、クリエイティブの最適な組み合わせに止まらず、広告配信先など「何もかも全てお任せ」という時代が来るはずです（品質を気にしなければ、すでにサイトの情報を拾い上げ、広告素材を作成してくれる機能も一部では提供されています）。

　では、なぜ私が「クリエイティブの手順や、検索連動型広告から」といった回りくどい方法（まして、2021年12月上旬時点で、Google拡張テキスト広告の作成・編集に関しては「編集ができなくなる」と公表しているにもかかわらず）を、あえて紹介したのかというと、何もかもすべて"お任せ"にしてしまうと、『全自動＝思考できない人』を量産することになり、結果として人がAIに支配されてしまうのは、本末転倒だと考えるからです。

　先ほどの「ポンコツ素材」の話（176ページ〜参照）のように、限られた中から、一番良い答えだけを何も考えずに入手していると、「良し悪し」や「改善の可能性」を判断したり、その根拠を考えたりすることができなくなり、最終的には思考停止状態に陥ってしまいます。

　事業やマーケティングは、目標という大きな山の頂上に向かって進みます。無限にある山頂への「道」は、人が考えて選択し、道中で使用する道具の選択肢も人が考えます。この道中で使用すべき「道具」に関してベターな答えを導いてくれるのが、AIの役割です。失敗と成功のデータを蓄積し、成功率を上げるのが機械学習なのです。

　必要な試行錯誤を怠り、常に「答え」だけを求める思考では、山頂を目指すどころか、下山していることにすら気づけない人間になってしまいます。「選択肢」を自分で考える力がないと、いつまでも山頂に到達できないことは、誰の目から見ても明らかです。

▣ Google の推奨を無視する理由

　Google 社が推奨している「5 つの広告素材」の実施を、最初から行うのは NG です。理由は簡単で「ポンコツな素材」だらけのなかに「まあまあの素材」があった場合、テストの結果上は「まあまあの素材」が「ピカピカに光る」という、相対評価が働いてしまうからです。AI がどんなに優秀でも、ポンコツな素材からはポンコツな結果しか得られません。そのため、何度か行うテストから勝ち上がった素材を発掘した上で、複数パターンの広告素材を投入する必要があるのです。

05 クリエイティブテスト①　検索連動型広告

　正直にお伝えしますと、テスト方法を共有するにあたり、どこまで詳細を共有すべきか、非常に悩みました。機能や仕様が変わる可能性もあり、クリエイティブの自動化なども日進月歩なので、本書の内容が古い情報になる可能性もあります。従って、以下に QR コードを準備しました。QR コードから Web ページに遷移していただければ、詳しい情報を確認できるので、こちらをご利用いただければ幸いです。

　それでは、本題です。

▣ 検索連動型広告を利用する

　検索連動型広告は「レスポンシブ検索広告」という出稿方法となります。これを採用するメリットは、前述のとおり「文字」だけテストが実施できる点にあります。こちらの広告は「見出し」と「説明文」を複数作成した後に登録すると、自動で「見出し」と「説明文」の最適な組み合わせを探してくれます。

◎「見出し」と「説明文」

　検索連動型広告は、検索ユーザーが「検索したワード」に対して広告が表示されます。必要な広告素材は、下の図のような「見出し」と「説明文」です。

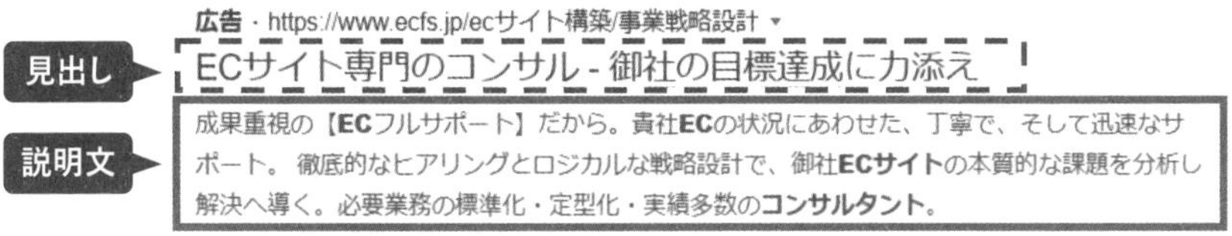

　開発した「訴求の切り口・言葉」をフル活用して、テストに用いる見出しと説明文を作成します。

▶ 見出し ➡ 全角 15 文字（半角 30 文字）

　下に表示される「説明文」より文字サイズが大きいので目立ちます。検索ユーザーが探している情報であることが瞬時に理解できるようにします（訴求の切り口・言葉を開発する【5つの STEP】を実施）。

▶ 説明文 ➡ 全角 45 文字（半角 90 文字）

　検索ユーザーが「この会社のページを開かなければ」と行動したくなる言葉、訴求要素、利点などを考慮して作成します。

◎「見出し」と「説明文」のクリエイティブづくり

　次に、テスト案の具体的な作成手順を確認します。

【手順1】「見出し」の内容を考える。

　検索後に表示される製品やサービスの内容。次の要素を考慮します。

• 一瞬で理解してもらう

• 期待を持ってもらう

【手順2】「説明文」の内容を考える。

　検索ユーザーに「クリックすべき」と思わせる要素をちりばめます。

• 活動内容：誰にどのような価値を提供しているかなど

- 特徴：品質、成分、簡単など
- 安心・信頼：実績、第三者評価、利用後のイメージなど
- お得感：価格、インセンティブなど

作成するポイントとして次の点を意識してみてください。
- 可能な限り、検索ワードを含めます（品質スコアにプラスの影響）
- 見出しと説明文は、可能な限り複数案作成する

Google は以下の2つのポイントを推奨しています。
- よく検索されている言葉を使用する
- 独自性のある内容を考える

最後に、
- 競合が出稿している画面をキャプチャして模擬テストを行う

模擬テストとは、次のイメージのように、広告出稿する検索ワードの検索結果画面をキャプチャし、その横に「タイトル・説明文」を記載して見比べることです。

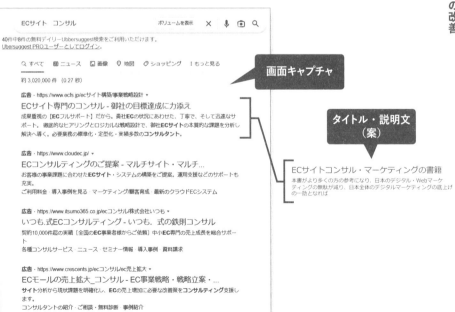

このように、事前に模擬テストを実施することで、競合の広告と比べて、自社の広告案は検索ユーザーにとって「必要（魅力的）か？」「不要（魅力的でない）か？」が、客観的に比較できます。

◉ テスト方法と判定の仕方

現在の管理画面では、詳細情報が公開されていないので、具体的な判定が難しい面があります。判定情報として公開されているのは【パフォーマンス】という項目のみで、「最良・良・低」の3段階で判定されます（評価完了までは「学習中」となる）。

パフォーマンス確認後の対応策として、以下の作業を行います。
- **低** ➡ 他の文章を作成し、差し替える
- **良好** ➡ 継続し経過観察する
- **最良** ➡ 継続し経過観察する他、他の改善ヒントにする

なお、30日間で5,000回表示されない広告は、「未評価」となります。

《 事例 》弊社事例：検索連動型広告 タイトル・説明文テスト

次の画像は、Googleで「ECサイト コンサル」と検索した結果です（弊社の広告に関する事例です）。

▣ 誰に? 何を? どうやって伝えるか?

　実際は、もっと深い情報の組み合わせが実施されていますが、基本的には、このような視点で原稿案を考えています。

- どこで：Google 検索結果で
- 誰に：EC コンサルに興味を持つ人に
- 何を：実績と価値
- 目的：数秒で興味を持ってもらってクリックしてもらう
- 訴求軸：経験値と実績

〈 Google 広告の管理画面 〉

広告	ステータス	↓ 表示回数	クリック率
総合支援｜EC 事業計画書の作成を支援 他 11 個 …果を提案いたします。徹底的なヒアリングとロジカ…分析し解決へ導く。他 2 個	有効	8,631	5.53%
…を最大化｜18 年の実績で EC 事業を支援 他 12 個 …果を提案いたします。徹底的なヒアリングとロジカ…分析し解決へ導く。【EC 支援 18 年】	一時停止中	5,592	3.76%
総合支援｜EC サイト運営にお悩みなら 他 10 個 …果を提案いたします。徹底的なヒアリングとロジカ…分析し解決へ導く。他 2 個	有効	2,973	4.84%
…C 支援実績 18 年 …績と経験に絶対の自信。部分的な支援も OK。御社…的な課題をします	一時停止中	2,564	3.59%
…ポート｜コンサル、構築、集客、売上 UP 他 4 個 …果を提案いたします。徹底的なヒアリングとロジカル…析し解決へ導く。他 2 個	一時停止中	1,739	3.34%

　上の図のクリック率を確認していただければわかるように 3.34 〜 5.53% まで開きがあります。このように、どのような訴求が、どのような結果になったのかを、数字で瞬時に摑むことができます。

06 クリエイティブテスト②
ネットワーク広告（言葉・画像）

　ネットワーク広告の「言葉」と「画像」のテストでは、Google の
レスポンシブディスプレイ広告を利用し、テストを実施します。

▣ レスポンシブディスプレイ広告とは

　詳しく理解する必要はありませんが、概要だけ共有します。

　Google や Yahoo! は広告露出機会を得るために、世の中にある様々
なサイト（個人・企業）と提携し、それらを広告の配信面として提供し
ています。提携サイトの広告スペースは、様々な面積や形が存在してい
るため、提携サイトに適した広告素材を提供する必要があります。そこ
で利用されるのが、レスポンシブディスプレイ広告です。様々な提携サ
イトに合わせて、バナー・画像のサイズを制作するのは大変なため、
Google が指定する数パターンの画像や見出し・説明文を設定するこ
とで、Google 側が良い塩梅に自動でサイズ変更などをしてくれます。

　設定画面は次のようなイメージです。

〈 Google レスポンシブディスプレイ広告設定画面 〉

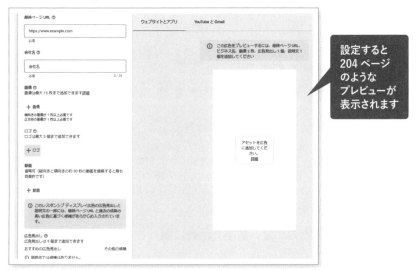

◉ 配信グループ（オーディエンス）を設定する

〈 Facebook のオーディエンス設定画面 〉

　例えば、化粧品に興味あるユーザー層へ配信したい場合は、次のように「化粧品」と検索します。

〈 META 広告マネージャのオーディエンス設定画面 〉

　初期段階では、オーディエンスを広げたほうが機械学習に必要なデータが増え、成果が出るオーディエンスが増える可能性があるため、「美容院」「ヨガ」など、関連性を考慮して広めに設定します。

◎ 配信グループ（オーディエンス）の検証

　すでにお伝えしたように、クリエイティブテストの開始時は「誰に」が確定している状態なので、ここでご紹介する配信グループ（オーディエンス）の検証とは、当初よりも対象者・属性を広げるために拡張するという観点になります。

　対象者を広げる際は、既存クリエイティブでテストを行って「反応を探り」、可能性があるオーディエンスには最適なクリエイティブを投入する、という手順になります。

◎ 言葉・画像の検証

　最後に「言葉と画像」の検証です。「言葉と画像」の検証に関しては、右図のイメージのように、いくつかのパターンを登録します。

　これまで実施してきたテストのように、どちらかのテーマを固定する運営方法とは異なり、ここではそれぞれ複数パターンを登録し、最適な組み合わせをGoogle に委ねるという方法になります。

　詳細を確認したい方は、こちらも左に QR コードを準備しましたので、ご確認ください。

07 クリエイティブテスト③ 専用 LP

　ここまでは、クリック率（CTR）改善を目的とした、「広告素材」に関するテスト方法を確認してきましたが、ここからは、集客後の受け皿となる「サイト」のテストについて確認していきます。

　見出しには、「専用 LP」と記載しましたが、これから説明する内容は公式サイト等でも流用可能です。

◎ 5つのテスト要素

　専用 LP における主なテスト要素は、次の5つとなります。

① ファーストビュー（FV）※：総合的に様々な要素を考える

② 特典：内容と表現方法

③ CTA：表現方法・設置エリア

④ パーツ：実績、製品情報、第三者評価

⑤ コンテンツの順序

※ FV = First View の略。最初に表示・確認できるエリア。

　全ての要素を一つひとつ実施するのは大変なので、特に投資効果が得られる要素を3つに絞り込むと、優先度順に③ CTA、① FV、⑤コンテンツの順序、という序列になります。具体的にどのような箇所なのか、右の図を参考にしてみてください。

〈 FV、CTA などの位置関係 〉

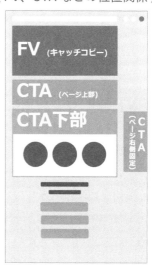

◎「CTA」のテスト

　CTA は購入直前の行動を喚起するボタンです。こちらの優先順位を高くする理由は、表示位置"だけ"のテストで効果が得られるケースが多いからです。具体的には、以下の４箇所になります。

- ページの上部（ヘッダー）
- 下部（フッター）
- 右側固定
- ページ内の「コンテンツの間」

　CTA の位置で、サイト訪問者の購入などに対する意欲が変動することは"ない"といえますが、**「申し込む場所がわからないから、後でいいや」という意欲の急低下**は、可能性として"ある"と言えます。

　サイト運営側は、自社のサイトを見慣れているため、購入や資料請求といった「最終アクションへの位置」は"わかって当たり前"と思い込みがちですが、実はサイト訪問者にとっては「わかりにくい」というケースがよくあります。

　今となってはテストテーマの定番ですが、弊社で初めて「CTA テスト」の効果を体験した時は、少し驚きでした。

「そういえば、うちのページの CTA はわかりにくいかも……」と思っている方は、ぜひ、すぐに実施することをお勧めします。

◎「FV」のテスト

　FV は最初に確認するエリアなので、サイト訪問者が「最後までページを確認してくれるか？」を左右する重要テーマです。

　FV の構成要素は大きく分けると、次の２種類です。

- キャッチコピー（サブコピーを含む）
- 画像

本章で解説してきた「伝え方・訴求する言葉の開発」の内容が、この FV でも遺憾なく発揮されます。

FV には、企業の方針や市場などの諸条件により、本当に様々な成功パターンが存在します。あえて「変化が得られる要素は何か？」を絞り出すとすれば、②特典、④実績、④第三者評価でしょうか。

ただ、市場での企業のシェア率・認知度・立ち位置など、前提や付帯条件によって、選択すべきパターンは大きく異なります。

回「**コンテンツの順序**」（**CTA 下部**）のテスト

最後に、⑤コンテンツの順序、厳密にはページ上部の「③ CTA」のすぐ下のエリアについて解説します。

ページ中に CTA を設置する際、CTA のすぐ下のエリアが、CVR に一定の影響を与えます。

その理由の 1 つとして、ページを読み進めてくれた結果、購入（最終アクション）に前向きな人の背中を押すための、あとひと押しのコンテンツは CVR に寄与する、という仮説を弊社では持っています。

他と同じく「あえて変化が得られる要素は何か？」を絞り出すとすれば、④実績、④第三者評価などの表現方法のテストでしょうか（ページ構成の関係もあり、やってみないとわかりませんが……というのが本音ですが）。

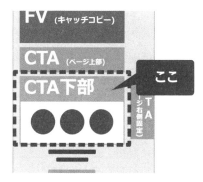

サイト・専用 LP のテストというのは「正解を探す」というよりも「不正解を一つひとつ取り除く」 という気が遠くなるような地道な作業です。集客時の広告素材と、訪問後のサイトで発信している内容が乖離

していれば、訪問者は数秒で立ち去ってしまいますし、情報・内容がわかりにくければ、最終的なアクションにつながりません。

当然、競合他社よりも、明確に劣っている「何か」があれば、他社を選択されてしまいます。何も難しいことではなく、ご自身がユーザーの立場の時に感じた減点要素を並べてみればよいのです。

最後に、クリエイティブテスト実行時の３つの注意点に触れて、本章を締めたいと思います。

１）複数・異なるテーマが混在するテストは NG

例えば、「画像」「コピー」「CTA」を１回のテストで混在させてしまうと、勝ち要素が不明確になってしまいます。このように変数が多いテストは回避し、テーマを絞り込んだテスト設計を行うことが重要です。

２）大きな穴を無視したテスト

例えば、誘導先ページの CVR が非常に悪い時に、広告素材のテストばかりを実施するのは、事業成長という観点からは NG です。テストの順序だけに囚われず、マーケティング成果の足を引っ張る「大きな穴はないか？」を、全体を俯瞰して考える「鳥の視点」が重要になります。

３）媒体別で考える

広告配信の対象ユーザーの特色・特徴は、媒体によって異なります。広告素材に触れるユーザーの特性を考慮した「訴求・広告クリエイティブ」を準備する必要があります。

以上が、クリエイティブテスト実行時の注意点です。クリエイティブの改善は、経験と時間を要します。その工数を可能な限りカットできるように、重要なテーマに絞って共有してきました。ぜひ、実践してみてください！

Chapter 8

マーケティング
組織論

　本章では、「組織」について皆さんと共有していきます。まずは自社のマーケティング組織を強固なチームにするために、課題を発見し、組織上の必要機能を具体的にイメージしていただきます。

　私は 20 年近く、この業界で多くの企業様に支援の機会をいただいてきましたが、その経験から、**企業のマーケティング活動を継続的に成功させる鍵は『組織』にあると断言できます。**

　組織の課題はすぐには解決できないテーマが多く、動きながら解決するしかない、というケースがほとんどです。

　例をあげますと、以下のとおりです。

- マンパワーの業務が多い……。
- 専属で動きたくても、他と兼任なので手が回らない。
- 1 人で抱えるタスクが多すぎて、考える時間がない。
- マーケティングの仕事よりも社内調整に追われる……。

私は、「製品や企業の在り方などが素晴らしい！」と思う企業でも、マーケティング活動においては「組織上の問題」で、ポテンシャル通りの成果を出せていない企業を何社も見てきました。従って、本書の執筆をはじめるにあたり、弊社の専門外とはいえ「組織」に関しては、どうしても外せないテーマの１つでした。

　本章でご紹介する内容は、特定の１社がモデルになっているわけではありません。支援先の複数の企業様をイメージしながら、私が考える「理想の状態」を紹介しています。本章を読んで、皆様の組織が今より一歩でも二歩でも前進するためのヒントを手に入れていただき、より強い組織を構築する一助となれば幸いです。

01　よくある「マーケティング組織」の例

　まずは、よくあるマーケティングの組織例の共有からです。ここでの目的は、何が良い・悪いといったことをお伝えすることではなく、それぞれの組織の特徴・課題を共有し、皆さんの企業が現在どこに位置するのかを考えながら、今後の組織づくりに活かしていただくことです。

　まず、デジタル・Web マーケティングの組織は、大きく分けると以下の３つのタイプに分類されます。

【 デジタル・Web マーケティング組織の「3つのタイプ」】

	1人	複数人 A	複数人 B
リーダー		×	○
集客			
クリエイティブ	○	複数人 兼任制	複数人 専任制
CRM			
その他			
事業統括			

① タイプ1：一人親方

　仕事ができる人が外部パートナーの協力を得ながら、Webマーケティングを、ほぼ1人で運用している状態です。

【〈 一人親方 〉 タイプのメリット・デメリット 】

メリット
● 判断に必要な情報把握力が高いため、 意思決定が早い。
● 事業全体を理解しているため、 判断の精度も高くなる。

● キャパオーバーになると、 全体的にパフォーマンスが落ちる。　**デメリット**
● 1人への依存度が高くなるので、 様々なリスクを抱えている。

② タイプ2：複数人「兼任」制

　複数人が在籍していますが、リーダーをはじめ全員が、他の業務と兼任という組織。リーダーは、EC事業の統括やリアル店舗の管理などマーケティング責任者も兼務している状態で、チーム全員も何となく役割分担ができているものの、専任ではなく業務全般を全員で兼務している状態です。EC事業などでは、集客業務、顧客対応、同梱ツール^{（※）}などを兼務で実施していることがよくあります。

※同梱ツール：製品をお客様に届ける際、一緒に同梱する手紙やカタログ。

【〈 複数人「兼任」制 〉 タイプのメリット・デメリット 】

メリット
● 自発的&主体的に行動できるメンバーの発掘が可能。
● 所属メンバーの興味のある領域を発見できる。

● 兼任のため曖昧な情報が増え、　**デメリット**
　リーダーの意思決定の精度とスピードが落ちる。
● 責任範囲が不明確になり、 権限・責任・評価が曖昧になる。
● 外部パートナーの管理が曖昧になりがち。

③ タイプ3：複数人「専任」制

　リーダーも現場担当者も、全てにおいて専任制となっている組織です。最終的に企業が到達したい「理想の姿」ですね。現場担当者は、自身のミッションを達成するため「点」に集中するので、事業全体を横断的に考えるリーダーが重要になります。

【〈 複数人「専任」制 〉タイプのメリット・デメリット 】

メリット
- 責任や役割が明確なので、計画・実行・評価までの一連の流れを固めやすい。
- 伸ばすべき領域、 克服すべき領域が明確になるので、経営資源の投資判断がつきやすい。

デメリット
- 現場担当者は、自身の担当範囲を深く掘り下げて探究できる 一方で、事業全体を横断的に考えるリーダーが育ちにくい。
- 専任者に依存度が高まる。
- 人件費が増える。

　以上が、大きく分類した「組織パターン」となります。

　みなさんの企業は、どのパターンに該当するでしょうか？

　ちなみに、弊社は②の状態です。クライアント企業様を支援しているメンバーが兼任で自社の集客業務を実施しており、社内の営業コンサルタントが全体設計・検証を担当しています。

　私も打ち合わせに入っており、意思決定者は私なので社長とリーダーを兼任している状態ですね。マーケティングチームを専門（専任制）にする、というのは重要な要素の１つだと理解していますが、経費や人員の状況などから、できること・できないこと、優先順位などが生まれます。

また、兼任で時間がなくても、「できる人」は超時短・超効率の仕組みを自ら作り上げることができるため、専任制の組織よりも圧倒的に良いパフォーマンスを出し続けている人や企業も存在します。あらゆる仕事に共通して言えることですが、「投資時間と成果・品質」は比例しません（ただし、極度に時間がない場合は、品質低下と比例します）。

　お伝えしたいのは、「短時間で成果と品質を追い求めるべき」ということではなく、**表面的な組織や形づくりからスタートするのではなく、今の状態（組織やメンバー）で最大限のパフォーマンスを追い求めるために、適宜フレキシブルに考え、行動することが重要という点です。**

　甲子園出場やプロ野球選手を目指す高校球児が、練習を一所懸命に取り組むことは「大前提」という理屈と同様で、今できる最大限のパフォーマンスを個々が追求するのは当然のことです。

　組織には様々な段階があります。状況によって「ないモノ・ないコト」を嘆くのではなく、自社が置かれている「組織」の状態の特徴を理解し、現時点でできることを前向きに考え、そして行動しましょう！何よりも、その行動は自身と自社のためです。

02 「内製」と「外部委託」の選択

　組織の成長過程においては、「内製」か「外部委託」かを、事業や社内体制の状態などで、判断すべき時期が訪れます。どちらを選択しても、メリット・デメリットはトレードオフの関係です。本テーマでは、マーケティングを実施する際に「内製」か「外部委託」かを判断する際のポイントを共有していきます。

　早速、確認していきましょう。

◉ デジタル・Web マーケティングの業務

　まず、全体の業務を大きく分けると、業種・業態に関係なく「新規顧客」「リピーター」向けの施策と、それらに該当しない「その他」に分けられます。ビジネスモデルや企業の状況、方針によっては各業務の重要度や優先度が異なるため、その点の配慮は必要になります。主な業務は、次の図のイメージです。

【 デジタル・Web マーケティングの「3つの業務」】

新規顧客	リピーター	その他
● 集客 ● 成約 ● PDCA ● 新しい取り組み	● コンタクト ● 制作 ● PDCA ● 新しい取り組み	● データ分析 ● 効率化 ● 自動化 ● システム関係

◉ 内製と外部委託を考える「5つの観点」

　内製か外部委託か？ を考えるタイミングというのは、大体決まっています。主には次のようなケースです。

（外部委託）
- リソース不足
- 自社内では完結できない困難（専門的）な業務

（内製）
- 委託費が目立ち、社内対応が可能な業務が増えた
- 新たな採用者のスキルに連動して、対応可能な業務が増えた

　ざっくりとですが、上記が定番のパターンです。これらにプラスして、成果・スピード・意思疎通・成長・情報入手という5つの観点をメリット・デメリットに分けて表にまとめました。

【「内製」と「外部委託」のメリット・デメリット 】

● 内製によるメリット・デメリット

	メリット	デメリット
成果	● 責任意識が高くなる	● 限界が早い ● 解雇というレベルでの危機感が持てない
スピード	● 原則は早い（体制とリソース次第）	● タスク量に比例して遅れる
意思疎通	● スムーズ（原則） ● 経験や知識が少なくても、OJT によって時間経過と共に意思疎通ができるようになる	● 解雇はできない ● 教育困難となった際、二重コストになる
成長 （知識・スキル）	● 実施範囲（限定的に）は知見の蓄積が可	● 範囲が限定的 ● 本来の目的を忘れた行動になりがち
情報入手	● マーケティング現場のリアルな数値をスピーディーに得られる	● 範囲が限定的

● 外部委託による発注企業のメリット・デメリット

	メリット	デメリット
成果	● 限界時、他社事例から打開策の模索が可能 ● 契約解除に直結する緊張感がある	● 責任感は委託先の風土、担当者次第
スピード	● 予算次第で、一時的なリソース増が可 ● 体制や契約次第では休日対応も可	● 体制や契約次第では遅い ● 予算や関係次第で他社が優先される
意思疎通	● 担当者次第 ● 担当者の変更相談が可能。実現可否は別 ● スキルの高い担当者の場合、委託業務以外に無料でスキルを吸収できる	● 担当者次第 ● 「ハズレ」を引くと事業成長が鈍化する
成長 （知識・スキル）	● 委託先のマネジメントスキル up	● 各業務の遂行スキルは得られない
情報入手	● 広範囲での他社事例や情報が得られる	● 施策詳細の情報が得られない（担当者次第）

　内製にも外部委託にも、メリット・デメリットは必ず存在します。例えば、「スピード・意思疎通」は、内製が圧倒的に優位です。「成果」が思わしくない場合、外部は契約解除ができますが、内製はできません。「情報入手」に関しては、外部委託先から得ることが可能ですが、内製では限られた情報源になる可能性が高くなります。

このように、「何を考える（優先する）か？」によって様々な特徴があるため、内製・外部委託のどちらかを選択した際に、デメリットを補う対応が必要です。それでは、どのように補うか？　という点を考えてみましょう。

　広告運用やクリエイティブ制作などを外部委託している場合、どうしても情報量の不足などが発生してしまうため業務を深く掘り下げる成長は困難です。しかし、外部企業とのミーティング時などに10分でもよいので（常識のある時間制限をして）、スキル習得のための努力をすることは可能です。

　例えば広告管理画面であれば、外部の方にログイン情報を共有してもらって、気になった数値を確認するために、実際の画面でレクチャーしてもらうことも可能です。クリエイティブ関係であれば、GA などの分析ツールの「どこを見て」「どうして」このような成果だったのか？　などについて、同様にレクチャーしてもらうこともできます（もちろん、契約内容によっては実現不可能なこともありますが）。

　次に、選択によって組織が停滞することなく、成長するためには何ができるかを多角的に考えていきましょう。

《 事例 》「ペッパー君２、３台でいいですよ」

　以下は、弊社内で上位に入る広告運用費をお預かりしていた企業様の事例です。「何を外部委託先に求めるのか？」を考えるための参考事例としてご紹介します。

　この企業様に対しては、数年来、運用支援を行っており、一定の成果も継続していました。ところが、突然……

担当者「すみません。一度、広告代理店の A 社さんに依頼してみたいのですが……」

とのことでした。当然、クライアント様の意思に従うしかないので、

業務を引き継ぐことになりました。

〜 4 カ月後 〜

担当者「もう一度、御社運用に戻したいのですが可能でしょうか？」
私　　「はい。とても有り難いお話ですが、何かありましたか？」
担当者「実は、先方の働き方改革・業務効率なのか、わからないのですが……」

　話を聞くと、打ち合わせには、部長を含め 5 〜 6 名が来社してくれるそうですが、自動で生成された数値と簡単なコメントのみの定型化されたレポートが渡されるだけだったため、明るい未来が見えなかったそうです。

　4 カ月で弊社と「ヨリを戻す」ことになった最大の理由は、A 社のスタンスにありました。「私たち（A 社）の仕事は広告管理画面上の成果創出まで」という線引きがされ、事業成長につなげるための PDCA は、クライアント企業の担当者様が独りぼっちで、取り残されてしまっていたのです。

　その時、担当者様が A 社さんを評価した際の台詞が、事例タイトルにもなっている**「ペッパー君 2、3 台でいいですよ」**でした。つまり、人間でなくても、機械やロボットで十分という意味です。

　同クライアント企業様は、契約範囲外のことを無理に依頼するような乱暴な企業ではなく、弊社のような委託先への配慮を欠かさない良識ある素晴らしい企業様です。では、代理店の A 社さんが悪いのか？といえば、契約上は全く問題ありません。むしろ正しいといえます。

　では、なぜ、このようなことが発生するのでしょうか？

- 有名広告代理店 A 社への期待値が高すぎた。
- A 社＝企業方針通りに、現場は対応した。

こちらの企業様は、**広告運用の委託パートナーを求めていたのではなく、自社の事業を理解してくれて、事業成長をゴールに設定し、共に改善してくれるパートナー企業を探していたのです。**

　何が課題で、何を外部パートナーに求めるのか？　を考えることが大切です。人が生きていくなかで、立場・環境・経験、希望する生き方などが異なれば、当然、価値観・考え方・解釈なども異なってきます。外部パートナーとの関係も、同じことがいえます。
「何を求めるのか？」を明確にすることは、とても大切です。

03　好循環なマーケティング組織「5つの特徴」

　本節では、弊社のクライアント様から学ばせていただいた「好循環なマーケティング組織」の特徴を共有していきます。以下に、認知度や企業規模などに関係なく、「好循環だな」と感じる企業の共通要素を5つにまとめてみました。

【 好循環なマーケティング組織の「5つの特徴」】

実名でのご紹介はできませんが、以下の「5つの特徴」を挙げる際の参考とした企業様の共通点として、**事業が持続して成長しており、マーケティング活動においても成果を継続して挙げています。**

　従って、みなさんの企業のマーケティング組織を「さらに伸ばせるテーマ」を発見できる可能性があります。

❶「型」をつくり、磨き続けている

　好循環な組織は、標準化・スピード・効率・精度などを対象とした「型」が明確です。「型」とは、雛形やマニュアル、ペルソナなど、大きく脱線しないための【規定】に近いものです。

　例えば、データ集計・分析などを、思いついた時に、思いついた項目をマンパワーで集計していては、無駄にリソースを失ってしまいます。状況に応じたイレギュラー対応（集計）は必要ですが、データ分析であれば、基本は「定点観測＆自動」です。

　チーム内で「型」をつくるのが得意な人、「磨き」続けることが得意な人など、適材適所にメンバーを配置して、「型」がない業務や、属人的になっている業務をリスト化するところからスタートしてみましょう。

　ただ、「型」の存在により支障を来す業務や、「型」がないと何も行動ができない……という思考回路や癖をつくってしまうというデメリットもあるため、その点は注意が必要です。

❷「共通認識」を重視する

　時間経過と共に強い組織へと成長するプロセスには、「共通認識」が欠かせません。好循環な組織は、例えばキャンペーンなどの販促を実施する際、共通認識すべきテーマが標準化されています。数値に対する「重点指標」などにはじまり、"自社らしさ"を崩さないためにやらないこと・やるべきことなど、「共通認識を持つこと」をとても大切にしているのです。

また、そうした組織は、社内は当然のこと、外部パートナーとも共通認識を持つためのコミュニケーションや説明、標準化などを重視しています。1つ前のテーマの「型」によるデメリットを補うためにも、「共通認識」を意識することは非常に大切です。

❸ 良好な「人間関係」

好循環な組織は「人間関係」が良好です。またチームメンバー全員が、その重要性を理解しています。具体的には、代表者と責任者、責任者と現場メンバー、そして外部パートナーとの関係性です。

良好というのは、当然ですが単純に「仲良し」ということではありません。「誰かの顔色を気にするような関係」ではなく、「風通しが良い関係」という意味です。

企業のマーケティング活動には、様々な課題が立ちはだかります。その時、壁を突破するためには「熱量」と「知恵」が必要不可欠です。そして、この2つを生むには「良好な人間関係」が必須条件となります。

❹ 情報武装ができている

好循環なマーケティング組織のメンバーは「情報武装」ができているため、意思決定などの「判断」も正確でスピーディーです。他社（外部）の成功事例を聞いても、前提や付帯条件を考え、要素分解が習慣になっているのでバタバタしません。また、自分に都合のよいデータの解釈や証拠集めもしません。常に客観的で、個人的な価値観や先入観に縛られることなく冷静な判断を下します。また、希望的観測や勢い、感情などで判断をしないため、振り返った時にも判断理由が明確です。そのため、全ての判断・結果が未来につながります。

❺ バランスが取れている

好循環な組織を持つ企業は、結果や数字を追求するだけでなく、同

時に、①寛容、②挑戦、③顧客視点、④委ねる、⑤自社磨きという5つの要素のバランスが取れています。

【 好循環な組織は「5つの要素」のバランスが取れている 】

① 寛容	② 挑戦	③ 顧客視点
たとえ失敗をしても、人から原因を探そうとせず、コトや市場から探して未来に活かす努力を忘れない。	確実で安定した手法だけでなく常に「挑戦」を求める。永続的な成長には「挑戦は必要不可欠」という自覚がある。	マーケティングの根本である「顧客視点」を常に意識していて、忘れない。

④ 委ねる	⑤ 自社磨き
小さな怪我（ミス・失敗）は承知の上でチームメンバーに委ねる。	競争優位、強みを磨き続けることを忘れない。自社の存在価値があってのマーケティング活動ということを理解している。

　この5つの要素は、決して特別な内容ではなく、シンプルで当たり前のことです。このような特徴がつくられる背景には、1つだけ大切な要素があります。

　それは、**相手に求めすぎず・頼りすぎないという、各々の自覚や覚悟といった要素です。他人のせいにせず、ないことを嘆くことなく、今できることに精一杯取り組む。**そのような姿勢が5つの特徴を生んでいるようにも感じます。

04 標準として持つべき「5つの機能」

前のテーマでは、好循環な組織の「特徴」を共有しましたが、本節では「機能」について共有していきます。組織が持つべき機能は、企業努力だけで実装が可能です。従って、マーケティング組織を運営する上での、必須事項といっても過言ではありません。

具体的には、次の5つです。

【 標準として持つべき「5つの機能」 】

❶ 社内調整・合意

❷ 集計の自動化

❸ 事業目標と指標（KPI）

❹ 市場からの愛着度

❺ 一丸

❶ 社内調整・合意

デジタル・Web マーケティングを展開する企業で、これができていないと、とても残念な気持ちになる「あるあるナンバーワン」です。

例えば、「部署間や社内での調整」が放置され、事業成長や最適化が無視され、各部署の都合だけで販促や企画が進行したり、どちらかが一方的に気を使ったりしているような状況が該当します。よくあるのが「店舗と EC」など流通のカニバリ（共食い。お客様の取り合いの意味）から生じる不具合などです。

会社や組織には様々な都合や理由があるので、ある種の矛盾が生まれるのは仕方がないことです。しかし、説明や調整もせずにマーケティングだけを進めても、確実に成果は落ち、多方面に不具合が生じます。

　常に、社内調整・合意という点を意識する機能を持ちましょう。

❷ 集計の自動化

　データが蓄積されてから集計項目を決めるのではなく、先に「必要項目」を固めます。工数の問題などから、初期段階は集計ツールに合わせた項目になっても OK です。理想の集計項目から離れても、初期段階は目をつぶりましょう。

　ただし、**一定の事業規模に達したら、ツールに集計項目を合わせるのではなく、自社の事業成長に必要な「あるべき項目と指標」を、自動で集計できる環境を整備する必要があります。**

❸ 事業目標と指標（KPI）

　前に共有したとおり、KPI とは「Key Performance Indicator」の略で、日本語に訳すと「重要業績評価指標」です。これは、事業目標を達成するための実行過程において「重要要素が適切に実施されているか」を数値化して評価するものです。つまり、指標（KPI）と事業目標は常にセットである必要があります。

　Chapter 5 でいくつかご紹介しましたが、2 回目 CPO や媒体別 LTV などは、まさに事業目標と指標を考慮した指標です。

　事業目標と指標はセットで考え、常に連動させることが大切です。事業目標だけは毎年更新され、指標は市場環境を無視した"古いまま"という状態では「たまたま良かった・悪かった」という評価になってしまい、**事業とマーケティングの双方において、成長の再現性が得られなくなります。**

❹ 市場からの愛着度

　これからの時代、製品やサービスの「質」だけでは、顧客の記憶に残らないばかりか、満足もしてもらえない時代になるでしょう。また、マーケティング関係者は「競合との競争」から抜け出す術を、常に考える必要があります。

　そのためには、広告やクリエイティブ"だけ"で勝とうとするのではなく、市場における自社の立ち位置や製品の強みを正確に把握し、自社を指名してくれる顧客を増やすことが重要です。つまり、Chapter 3 で共有した「愛着度」を高める（94 〜 95 ページ参照）という点ですね。

　競合との差別化を意識しすぎると、競合の機能やスペックなどに意識が偏り、逆に競合と似てしまうリスクがあります。現在は、SNSなどの普及により、企業と消費者は今まで以上に近い距離に存在しているため、**企業規模に関係なく、組織として市場からの愛着度を高めるという議論・取り組み・検証が必要不可欠な時代に突入しています。**

❺ 一丸

　私は学生時代、ずっと野球をやっていましたが、マーケティングチームの活動は「団体スポーツ」に近いと感じます。媒体を選択する人、クリエイティブ担当者、顧客満足度を高める人、お客様の声を収集する人、全体の数値を解析する人など、様々な担当領域が掛け算となって、初めてマーケティング活動の成果を得ることができます。自分の担当範囲だけ結果を出せば良い、というプレーヤーがひとりでも存在すると、チームの人間関係が崩れ、全体としてのパフォーマンスも落ちます。

「どこから、どのように集客をしているのか？」「最終的にどれくらいのお客様が申し込んでくれたのか？」「サービスを体験した人は、どのように感じているのか？」「どのような声が届いているのか？」

　こうした、一見「**自分の担当領域**」とは関係がないように見える数

値やコトであっても、実のところ、全ての領域において、何ひとつ無関係なものはありません。関係者全員が、〈会社〉と〈顧客〉の関係・状態に興味を持ってマーケティングに取り組むことが重要なのです。まさに「チーム一丸」ですね。

　以上が、標準として対策・解決しておくべき「5つの機能」です。

　こちらでご紹介した「5つの機能」ですが、集計の自動化以外は、方針や意思といったソフト的な内容です。全員が共通認識を持つようになるまでは時間を要すると思いますが、着手しやすいテーマから、自社の状況に合わせて少しずつ取りかかることをお勧めします。

05 マーケティングチームを自走させる「5つのSTEP」

　みなさんが感じているように、今の時代、顧客の趣味・嗜好が多様化しているため、おのずと「個人の情報発信力」が企業価値に直結します。ブログ全盛期にも同じような傾向がありましたが、SNSの登場により、この傾向は劇的に加速度を増しました。どの企業も経験したことがない環境といえます。

　生物が生存し続けるためには環境の変化への「適応力」が必須条件であるように、企業にも今、「適応力」が強く求められています。

　また、私は数多くのマーケティング現場で、**「適応力」には、現場の情報収集力・察知力・判断力といった「自走」が極めて重要であることを痛感しました。**

　そこで、本テーマではマーケティングチームが自走するための「5つのSTEP」を皆さんと共有していきたいと思います。

　5つのSTEPの全体像は次ページの図のとおりです。

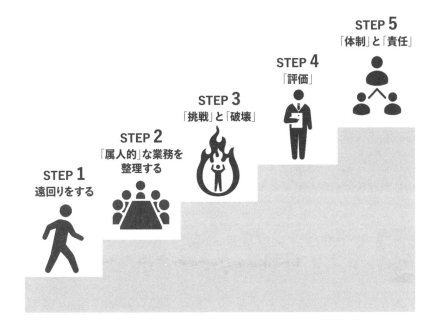

【 マーケティングチームを自走させる「5つの STEP」】

STEP **5**
「体制」と「責任」

STEP **4**
「評価」

STEP **3**
「挑戦」と「破壊」

STEP **2**
「属人的」な業務を
整理する

STEP **1**
遠回りをする

　こちらも他のテーマと同じく、自社にあった形にアレンジしてみて
ください。

　それでは、STEP 1 から共有してみましょう。

STEP 1）遠回りをする

「遠回りをする」と聞くと「考え方が古い」と感じる人もいるかもし
れませんが、私は、これが最も重要だと思います。

　Google の検索窓に質問して回答を得る、という文化が定着してか
ら 10 年以上が経過しましたが、近年、「考える」や「答えを探す」と
いう行為を、「手軽に情報を得る」ことと無意識に混同してしまって
いる人が増えているように感じます。

　少し前のことになりますが、社内で私が「あなたの考えを聞かせて」
という質問をしたところ、「専門家の A さんが、こう言ってました」「B

というサイトに、このような内容が掲載されていました」という回答のみで、会話が終了したことがありました。まさに、他人の答えを探して伝えることが「自分の考え」と勘違いしていることを表す、象徴的な会話でした。

「無駄なことから学ぶことが多いので、無駄なことはできるだけやったほうがいい」

「頭だけで理解しても、合理的・効率的にはなれない」

これは、元メジャーリーガーのイチロー選手が、ある高校の指導後の取材で発したコメントです。イチロー選手は、「無駄な工程を飛ばすのは危険だ」とまで発言しています。野球道を極めた達人が言うことは、どの道にも通じると私は感じました。

そこで、1つの案を共有したいと思います。課題解決やアイディアをブレストする機会があれば、いつもより30分〜1時間ほど、長めに時間を取り、普段はご法度でも「この日は脱線トークもOK」という会議を「否定語禁止」で開催してみてください。

次に、リーダーまたは発信できるメンバーには、ファシリテーターとまではいかずとも、発信を促す役（回す役）を担ってもらって進行します。

自走組織には、人に合わせるのではなく、全てのメンバーが自身で考え、自発的に発信する力が不可欠です。こうした、一見、遠回りとも思える「ブレスト」を繰り返すうちに、自発的な発言が苦手だったメンバーも、必ず発言できるようになります。

STEP 2）「属人的」な業務を整理する

STEP 2では、特定の人に依存する業務を可能な限り排除します。その一方で、属人的なままでよい業務も明確にします。

立ち上げ段階や企業の状況によって、属人的な業務の比率は高くなります。また、スピードや品質という観点からも、属人的なほうがよいケースも存在します。ただし、属人的な業務には、標準化すべき業

務も混在している場合が多いので、それを明確に区別します。また、属人的でよい業務を1人に依存してしまっては誰も幸せにはならないので、複数人体制を検討します。

STEP 3）「挑戦」と「破壊」

まず、自走と真逆の存在となる停滞組織の特徴を挙げてみます。

- リスクの試算も検討もせずに、挑戦をしない風土
- 責任・業務・標準化の全てがずっと固定
- 新しい意見が出ない。意見を発する人が少ない

といったケースが代表的な例です。

自走した循環型マーケティング組織を構築するには、停滞組織の特徴の逆を実施することが重要です。

例えば、標準化されてきた内容や、これまでの常識といった固定観念を捨て、過去の自分たちを否定することにも取り組みます。

また、デジタル・Webマーケティングは「小さな挑戦」を実施しやすい環境ですが、実はこの「小さな挑戦」を繰り返すことが、良い意味で「自分たちを破壊」することにもつながります。安定した状態で、小さな挑戦を実施して、これまでの自分たちを疑って「破壊」する。この小さな繰り返しが新たな標準化を構築することにつながり、自走した循環型のマーケティング組織へと進化を促すのです。

STEP 4）「評価」

次に、1つ前で共有した「5つの機能」を構築する上での必要テーマも含め、ここまでの内容を「評価」に落とし込みます。

マーケティング組織においては、評価が「目標達成」のみという場合も多いと思いますが、これに「自走」「循環」のプロセスも評価に加えることが重要です。ただし、ただ単にプロセスを評価するとなると「定性的」な評価になりがちなので、あくまでも**定量的な評価にこだわっていきましょう**。例えば、目標達成の他に「標準化」や「効率

化」による作業時間の削減や、「処理」や「対応件数」の増減、属人的業務の減少数などです。

STEP 5）「体制」と「責任」

　ここでいう「体制」とは、業務量に応じた人数を揃えるべきという趣旨ではありません。メンバーがお互いの価値観や思考癖などを直接理解できる「体制」のことを指しています。

　各々が、どのような人生を歩みたいのか？ 人生における仕事の位置づけは？ これらを理解した状態になると、担当業務の質と量、そして役割を設定する際の土台にもなります。

　そこで、ひとつ提案したいのが「四象限」です。個人・チームを過去・未来に分けて、過去は Bad ポイントの整理、未来は希望する状態を共有する作業になります。個々の考え方や価値観を共有できるのでお勧めです。

【 チーム・個人を「四象限」で整理する（イメージ図）】

過去	チーム	未来
▶ 教育体制が未整備 ▶ マンパワー依存 ▶ 知識共有不足 ▶ 採用が苦戦 ▶ 属人的		▶ 効率化重視の社風 ▶ 共通化・習慣化の浸透 ▶ 時短でも業務時間内で完了 ▶ 企業サイトで採用成功 ▶ 適材適所

過去	個人	未来
▶ 家事・育児と仕事の 　両立に苦戦 ▶ 固定観念にとらわれやすい ▶ 睡眠時間重視 ▶ 勉強不足		▶ 家事9割削減 ▶ 生涯自立 ▶ 趣味の時間重視 ▶ 育児と介護

そして、最後に「責任」です。知識や経験によって流動的になりますが、メンバー個々の状態の自己分析と他者分析のギャップを見える化し、責任を明確に設定することは非常に重要だと、私は自社を振り返ってみても感じます。事業は常に動いていますので、流動的でも構いません。個々が希望する人生に必要な責任が持てるように、日常業務で成長していけるのが理想ですね。

以上が、組織が自走するための5つのSTEPです。

正直にお伝えしますと、こちらの内容はクライアント様に教えていただいた内容であって、弊社でも断片的にしか実現できていません。

さらっと書きましたが、簡単でないことは重々承知しています。ですが、意識をしなければ、小さな一歩は踏み出せません。

ぜひ、日々の活動の中でも頭の片隅に置いて、何かしらのサインがあった時、小さな一歩を踏み出してもらえれば幸いです。

06 これからのマーケティング組織

マーケティングの中心が「デジタル・Web」となる時代、どのようなマーケティング組織が求められるのでしょうか？

ここまでは「組織開発」についてのテーマがベースでしたので、最後に「マーケティング部門の定義」「人財の開発」の2つの要素を共有していきたいと思います。

【マーケティング部門の定義】

私は、マーケティング部門とは、“真剣”に楽しむための最高の「遊び場」だと思っています。理由は、会社のお金を投資して、まだ見ぬ顧客と接触し、コミュニケーションを経て、市場の反応を確認できるからです。こんなに楽しい「遊び場」はないと思うのは、私だけでしょ

うか？

　マーケティングの成果と事業成長は連動するので、プレッシャーに感じる方には苦しいかもしれませんが、しっかりとした準備さえすれば、最高の「遊び場」に変わるはずです。

　同時に、市場や対象顧客の感性や価値観など数値化できない領域を非対面でも理解する力、感じ取る力が求められます。数字だけでなく、そういった感性や、それを読み解き発信するアイディアや発想力なども求められる部門だと私は感じています。

【人財開発】

　本項では、「教育方針と方法」について触れつつ、人財開発の方法を共有していきます。

　まず、教育方針には「2つの軸」があります。1つ目の軸は、教育する相手の「得意そうな領域」を把握し、それを「真の得意領域」にして、その実力を活かせる領域に配置することで、目標達成率を高める「癖」をつけることです。「得意な領域」はそう簡単には確定できません。従って、まずは「得意そうな領域」から入ってもらいましょう。

　2つ目の軸は、マーケティング現場のどこかで「厳しい」時間を過ごしてもらうことです。ここで言う**「厳しい」という言葉の定義は、「自分が思うように事を進められない時間」**という意味です。

　当然ですが、厳しい環境を経験してもらう場合には、相手を放置せず、適切なタイミングでフォローや確認をすることも大切です。

　正直なところ、マーケティング現場は厳しい場面のほうが圧倒的に多いというのが私の実感です（どんな仕事も同じかもしれませんが）。マーケティングの世界で生きていくと決めたメンバーには、責任を背負う立場になって潰れる前に、個々に合わせた厳しい時間を提供してあげることが、優しさであると私は信じています。

　続いて教育方法です。弊社では何度も失敗を繰り返してきましたが、その経験から、デジタル・Webマーケティングにおいては、日

常業務から学ぶ「OJT」が最適ということを学びました。一方、日常業務から離れて学習時間を確保する「Off‐JT」は不向きだと考えています（ただし、OJT の成長スピードを後押しするための用語学習などは必要です）。

　理由は明確で、マーケティング現場の数値や課題に向き合う際には「多面的・多角的」な要素を考え、常にベターな判断を行うことが求められますが、「Off‐JT」では、それが困難だからです。

　そして、最も重要なのが、教育すべき相手が責任を持って実践できる環境を提供し、邪魔をせず、放置しすぎず、極度のリソース不足にならないように見守りつつ、でも、適度な負荷を与えて「自走させる」ことです。

　最後になりますが、社内対応・外部委託に関係なく、「丸投げ」「単なる作業意識」でマーケティングを実施しても良い成果は得られません。マーケティングには、淡々と数値を判断する冷静さ、客観的な視点が重要ですが、真逆とも言える「熱や温度」も同じくらいに大切な要素です。これは百パーセント断言できます。

　組織としてひとりでも多くの人材が「自分ごと」として業務に携わり、社内外問わず一丸となり、強い結束力を持って取り組むことが重要です。

　また、マネジメント担当者は、トップダウンで「落とす」だけでなく、自ら率先して現場を理解し、自社に何ができて、何ができないのか？ を的確に把握し、外部へ委託する際も重要数値を徹底して追求し、マーケティング現場の後押し・フォローをする覚悟を持たなければ、組織は機能しません。

　足元の数字をチェックすることは非常に重要ですが、立場的な重圧に負け、目先の数値だけに一喜一憂するような「感情的なマネジメント」では、関係者の心が離れていきます。

　マネジメント担当者には、中長期的な目線も持ちながら、マーケ

ティング組織を「マネジメント」する姿勢も求められます。

　そして、くどいようですが、自社を最も理解している人は社内にしかいませんので、外部の人ではなく、自社を理解した社内の人がマーケティング活動を牽引しなければいけません。

　市場も組織も、変化はチャンスという先人の言葉を信じて、前向きにチャレンジしていきましょう！

Chapter 9

ブランディング・愛着度

　Chapter 3 で、「商品・企業への愛着」こそがマーケティングにおける「最強の武器」とご紹介しました（94 〜 95 ページ参照）が、本章では、この「愛着」が生まれる要素を一緒に考えていきたいと思います。

　はじめにお伝えしておきますと、顧客に愛着を抱いてもらうには、恋愛と同じで「これをやれば絶対に大丈夫！」という秘策はありません。ただ、どうしても本テーマをご紹介したかった理由があります。

　弊社は、デジタル・Web マーケティングの「ダイレクトレスポンス」という、事業主と対象顧客との出会い、コミュニケーションを促進するための施策のお手伝いをしています。

- 商品・サービスの良さをどのように訴求するべきか？
- このようなテストが必要ではないか？
- 媒体の正しい分析方法は？
- 効率の良い媒体投下配分は？
- LTV を伸ばすには？

などなど、クライアント企業とともに様々な指標を設定して、効率よく新規顧客を獲得して売上を伸ばす、ということに全力で取り組んできました。ところが、一定規模の成長を遂げると、多くの企業が「頭打ち状態」を迎えます。商品・サービスが競合他社より"勝っていても"です。

　一方で、少数ではありますが「頭打ちって何？」というくらいに涼しい顔をして、突き抜けていく企業様も存在するのです……。

　この違いは何なのか？　そのような思いから「戦略構築マップ」を再構築し、その要因を探っていたところ、「そうか！　顧客の愛着度合いの違いだ」という結論にいたりました。

　ただ、弊社でも「愛着」に関しては、もともとその影響の大きさは十分に理解していたものの、「愛着度」を高める方法は体系化できていませんし、そもそもそんなに簡単なことではありません。「製品・企業への愛着」は、言うまでもなく「顧客の心」に芽生えるものなので、企業側の努力だけで意図する成果を得るのは困難です。

▶ **顧客は**
　瞬時に企業や製品の口コミ・評判を調べることが可能ですし、支払い金額に値する製品・品質だけでは愛着には進化しません。

▶ **企業は**
　顧客の心（愛着）をコントロールすることはできません。

　顧客の愛着度を高める方法は、「これさえやればOK」といった答えはありません。とはいえ、他社との競争から脱却するためには、顧客に「愛着」を抱いてもらうことは必要不可欠です。

　本章では、この「愛着」と「マーケティング成果」について、様々な観点から「プロの考え方」に触れていただきたいと考え、3名の専門家に「世界観・ブランド」について取材しました。

表舞台にはほとんど出ない方々ですが、知る人ぞ知る「業界内でも屈指の実力者」です。皆さんが普段から親しんでいるブランド（車・コスメ・スポーツ用品等のメーカー、銀行、マンションデベロッパーなど）を数多く支援されており、無理を言って取材協力をお願いしました。

　取材した内容を共有した後、「愛着」を構成する要素について、一緒に考えていければと思います。

01 世界観・ブランドとは

　皆さんの身の回りにある商品のなかに「必ずこのブランドを買う」または「必ずこのお店で買う」というものは、ありますでしょうか？製品の購入に限定せず、美容室などのサービス業も含めれば、「いつもと違うブランド、メーカー、企業のものを選択すると気持ち悪い」というカテゴリやジャンルが、誰しも１つくらいはあると思います。この状態になることが、最強のマーケティングといえます。

　この状態を、本書では「愛着の度合い」と表現していますが、一般的には**「世界観・ブランド」が確立されている状態**と表現されています。デジタル・Web マーケティングの観点から考えると、この状態になれば**指名購入（製品名・企業名を指定）が増えるので「購入率」が上がり、「新規顧客の獲得単価」が大幅に下がります。そして、何よりも利益の源泉ともいえる「LTV」が最大化します。**

◎ 最終形は「広告をやめる」

「世界観・ブランド」が確立した状態になると、最低限の広告投資だけで事業が加速度的に成長していきます。弊社事業の中心の１つに「広告運用代行」もあるため、こんなことを言うのも変な話なのですが、事業主は「広告をやめても集客が成り立つ状態」を目指すことが、

あるべき姿であると私は心底感じています。

　とはいえ、立ち上げたばかりの会社が、いきなり「世界観・ブランド」の確立に全力投資すべきか？ というと、答えは「ノー」です。

　また「世界観・ブランド」を構築する場合、選択する施策によってはかなりの投資が必要になります。そして、少し前までの私のように「世界観？ ブランド？ そんなモノは大手企業だけの話」「うちには関係ない」という考えを持っている方も、少なくないと思います。

　ただ、いずれにしても、マーケティングの最終地点は「支持者・ファンが多い状態」が、あるべき姿と断言できます。そして、これが世間では「世界観・ブランド」が構築されている状態だと認識されています。

◉ 取材方針

　まず、取材に協力していただいた専門家３名の方々には、本書の概要をお伝えし、「企業・製品への愛着こそが最強の武器」というテーマをご理解いただいています。

　また、取材した方々は、それぞれ少し異なる専門領域で活躍されています。皆様、弊社とは10年以上の間ブランドや広告デザインなど、具体的なビジネスから情報交換まで幅広くお付き合いをさせていただいており、ダイレクトレスポンス、ブランド構築、広告などの現場で、今もなお活躍されています。

　今回、取材させていただくにあたり、世界観・ブランドを構築する要素からプロセスまで、大切にすべきこと、企業が持つ資質など、それぞれご活躍されている立場に応じて質問をさせていただき、加えて、次の共通質問に答えていただきました。

世界観・ブランド構築にあたり
１）予算がなくても実施すべきか？
２）やるべきこと・やってはいけないこと

　以上の２点です。

世界観・ブランドを構築するとは、いったいどのようなことなのか？
事業成長につなげるために注意すべきことは、何なのか？
早速、取材内容を共有していきましょう。

02 「ブランドの所有者は誰か？」
── 株式会社エフインク　萩原社長

はじめに登場していただくのは、株式会社エフインクの萩原社長です。

いわゆる「ブランド構築」や「ブランディング」と聞いて、多くの方がイメージしているテーマにフォーカスして取材させていただきました。早速、確認していきましょう。

私： 萩原社長が考える、世界観やブランドを構成する要素とは、どのようなものですか？

萩原社長： まず、デジタル・Web マーケティング、D2C、EC を展開する上で、ブランドの世界観は非常に重要ですね。その上で「構成要素」を考えることが非常に大切だと考えていて、具体的には次の2つです。

1）Purpose（パーパス）経営

2）CSV

パーパス経営とは「志のある経営」という意味ですが、独りよがりの志では「ブランド構築」にはなりません。そこで、2つ目のCSV（Creating Shared Value の略で共通価値の創造）が重要になります。

現代は、「広く社会的な意義を持っているのか」が問われる時代ですので、パーパス経営は必要不可欠な要素であり、これらがブランドに関与する様々なステークホルダーの「心の中にある」状態、つまり、ブランドの所有者は、商標上はブランドホルダーで

あっても、**世界観やブランドというものはステークホルダー全て**
の心の中にあり、自分自身を表現するモノやサービスが「ブラン
ド」となるのです。 これらが経緯や体験、機会などを含めて個々
の心の中に構築されることが「ブランド構築」であり、ブランド
を構成する要素だと考えています。

私： なるほど。ブランド構築と聞くと、企業からの発信内容や見せ方
をどうするか？ といった点に意識が偏りそうなイメージがあり
ますが、そういった表面的なものだけではなく、**ブランドの所有**
者は誰か？ それは、ステークホルダーの「心の中」にある自分
自身を表現するモノやサービスである、という観点からスタート
するのは、実に共感できる内容ですね。

弊社のご支援先にも、ブランド構築を自社完結できている企業
様がいますが、まさにご指摘の内容を実践しているように感じ
ます。ちなみに、ブランド構築ができている企業の例として、ど
こかわかりやすい企業・ブランドなどあればお聞きしたいのです
が。

萩原社長： パタゴニア^{（※）}さんは好例の1つだと思います。同社は
CEOの方が先頭を切って自然に対しての意識を高く持ち、ブラ
ンドとしての使命感も持っています。

過去のキャンペーンなどを見ても、自社の製品を「ずっと使って
いてほしい」というメッセージが一貫しています。

おそらくですが、根底として環境を守っていく、地球に優しい企
業でなければ自分たちの未来がないと、強く感じていらっしゃる
のだと思います。サイト上でも、プロアスリートの方が流行りと
関係なく「5年使い続けている」といった紹介を積極的に展開し
ています。

※パタゴニア：アメリカのアウトドアギアブランドで、登山用品、サーフィン用品、
　アウトドア用品、軍用品など様々な衣料品の製造・販売を手掛ける。

多くの企業は、短期的な利益と成長性を重視し、常に需要を喚起しようとしますが、パタゴニアさんの基本理念には「成長を抑制する」「消費を抑える」ということが含まれている。そして、この姿勢や志に触れた同じ価値観を持つユーザーがファンとなり、結果として顧客生涯価値を高めているのだと思います。

私：そして、デジタル社会では拡散スピードも早い。

萩原社長：そのとおりです。デジタル社会は企業が一貫した行動を継続し、発信し続けることで、昔のように莫大な広告費を投下しなくてもユーザーからユーザーへと伝わりますよね。

私：そうなると、やはり世界観・ブランドを構築するにあたり、「企業の資質」というものが大きく影響してきますよね。その点は、どうお考えでしょうか？

萩原社長：最も重要なのは Vision や Purpose【志】です。 そして、その志を磨き続けることで、共鳴者がファンになります。次に、ブランド構築の重要性を経営の中心に置いているか？ という点です。志を明確にして、志を磨き続け、より良い商品やサービスを提供し、価値を向上させることが「資質」に該当します。また、代表者の独りよがりではなく、社員やステークホルダーが一丸となって進めることができる関係性が構築できているということも重要です。

私：マーケティングの運営の場合も、組織内の人間関係が良好であること、つまり「一丸」であることは重要なファクターですが、ブランド構築においても重要ということですね。

萩原社長：はい。非常に重要ですね。正確には、一丸であるというよりも、「一丸になれる」環境や循環ですね。全社員が「志」を共有して、（個人向け製品であれば）ファンとして自社製品を使用

している。さらに社員がブランドの活動に誇りや自信を持っていると、よりよいサービスや商品開発につながり、顧客から高い支持を得る。するとさらに付加価値が生まれ、利益の源泉となり、社員と共に利益を享受できる。そして、さらなる活性化へ。このような好循環が構築され、全てが一貫することで、お客様に力強いメッセージが届きます。

私：「一貫性・一丸」は、どのようなテーマでも重要ということですね。それと"価値の向上"という話がありましたが、「価値」について不明確なまま見切り発車する企業が少なくないと感じることがあります。「価値」も非常に重要な「資質」だと認識していますが、なぜ、多くの企業は「価値」がフワッとした状態で、マーケティングを展開してしまうのだと思われますか？

萩原社長：対象となる顧客が「どんなメリットを得られるか？」、あるいは私たち（自社）が存在しなかったら「どのような点が困るのか？」が「価値」です。この「価値」が不明確な状態でありながら見切り発車してしまっているのであれば、それは、その企業の Vision や Purpose【志】などが不明確だからではないでしょうか？ **そもそも【志】を明確にすることが「ブランド構築」そのものですからね。**

私：御社で「ブランド構築」を実施する際に、大切にしていることは何でしょうか？

萩原社長：大きくは4つあります。
　1）ブランドの強みを明確にする
　2）背景のストーリー性と期待感
　3）社内外にわかりやすいメッセージとデザインで表現する
　4）ステークホルダーにどのような体験を提供するのか？
　特に重要なのは、1）の「ブランドの強みを明確にする」ことで

しょうか。徹底したヒアリングを実施して Vision や Purpose【志】を明確にし、気づいていない「強み」や「弱み」など内に埋もれているものを、明るく前向きに引き出します。

私：マーケティングを実施する前のヒアリングに近い要素がありますね。ちなみに「進め方」で何か注意していることはありますでしょうか？

萩原社長：「ブランド構築」の目的やチームによって進め方は変わります。例えば、ボトムアップ型の場合であれば、ワークショップを実施します。なぜなら、ワークショップの参加メンバーがブランドを社内に浸透させる際の推進役となり、一貫性につながるからです。

私：最後に、ブランド構築が一通り完了し、広く知ってもらう施策が必要となった際、何か注意すべきことはありますか？

萩原社長：変えて良いものと、変えてはいけないものが存在します。企業ブランドの構築という観点であれば、ビジョンや志は一貫してブレないことが重要ですが、商品などは変化適応と不易流行が重要です。クリエイティブは、Vision や Purpose【志】、思想に合わないものは NG ですね。「合わないもの」というのは、否定するものや反するものを指します。つまり、全てにおいて一貫性を保つことが重要です。

私：なるほど。意義深いお話を有難うございました！ 御社の仕事の進め方と、本日の取材内容が終始一貫している点も確認ができました（笑）。

〔 **共通質問** 〕

私：予算がない状況であっても、ブランド構築に着手すべきでしょうか？

萩原社長：実施すべきだと思います。スタートアップの段階など、多くの予算を割り当てることができないケースもよくありますが、それでも、スタートアップ・起業する際に自社の事業やサービスの強みを明確化することは必須です。また、提供する事業やサービスにより、顧客にどのような価値を提供できて、その提供した価値により社会や世界に対してどのような影響を与えられるのかを整理しておくことは重要です。

私：これだけは必ず実施すべきこと（または、やってはいけないこと）があれば、一言お願いできますでしょうか？

萩原社長：やってはいけないことという点では、自社のブランドを否定・足を引っ張ることでしょうか。具体的には、理念や志など、企業のブランド構築において重要なテーマを否定する言葉の使用や活動ですね。特にクリエイティブに関しては、相手に与える印象という点で、否定や足を引っ張ることは全力で回避する必要があります。

萩原房史　株式会社エフインク 代表取締役

1985 年、CI（Corporate Identity）のコンサルティング会社に入社し、複数社の CI プロジェクトに参加。1990 年、株式会社エフインクを設立。30 年以上に亘り、300 件以上のブランディングの実績と経験をもつ。クライアントの志（パーパス）を共有し、ブランド価値を共創することで「美しい未来を創造する」をビジョンに、コンサルティングから理念の策定、ブランド戦略の立案、コンセプト開発、ブランドデザインの開発、社内外のブランド訴求、など幅広い領域を網羅するブランディングを実施している。またブランドムービーや Web サイト・EC サイトの開発、DX に伴う UI / UX などのデザイン設計も行っている。

---

03 グローバル企業は「ブランド構築」と「販促・プロモーション」の2本立てです
—— imOrOck　白部さん

　続いて登場していただくのは、imOrOck（イモロック）の白部さんです。グローバルと日本の「ブランド構築」に関して語っていただきました！　早速、確認していきましょう。

白部さん：100人いたら100人の観点があると思うので、自分の経験から、グローバルと日本企業のブランド構築に関して、改めて再整理をしてみました。

私：ありがとうございます。では早速ですが、グローバル企業と日本企業の違いは、どのような点にあるのでしょうか？

白部さん：正しい・正しくないは置いておくとして、ブランド構築を実施するにあたり、グローバル企業の目的は『商売繁盛』であるのに対して、**日本企業は『イメージを高める』というのが先行しており、デザイン力・クリエイティブといった話や「〜すべき論」が目立ちすぎる**という印象です。

私：自分も少し前までは「ブランド構築」＝「イメージを高める」ための施策だと思っていました。なので「ブランディング？　そんなもの不要！　いらない‼」という調子でした（笑）。
　ちなみに「ブランド構築」を一言で説明していただきたいのですが……。

白部さん：ブランド構築は、ブランドの人格形成のために行われ、その全てが利益拡大に寄与します。これが全てであると考えます。
　例えば、皆さんがご存じのNIKEさん。昔、勤務していたオグルヴィのグローバル・クリエイティブディレクターの偉い人から教

わったのですが、フィロソフィーの「Just Do It」は、直訳する
と「とにかくやってみろ！」「行動あるのみだ！」といった意
味で、この意味は、ご存じの方も多いと思います。ですが、日本
ではあまり知られていませんが、実は「反逆せよ」という意味が
込められています。周知されている「行動あるのみだ！」という
意味と、例えば、アスリートが達成できなかった目標数字や、い
つも勝てないライバル選手に対して「反逆せよ」というチャレン
ジャーを想起させる言葉は、同社の理念であるアスリートの応援
とリンクします。

私：「反逆せよ」という意味は、全く知りませんでした。確かに言わ
れてみれば、過去のプロモーションや動画などを思い出すと「な
るほどー」と腑に落ちます。どこか、攻撃的な印象を持つ動画な
どもありますよね。

白部さん：そうですね。なので、社名や製品名、ロゴなどを見た瞬
間に、そのブランドの人格がわかり、その人格に触れたファン
に応援されている。これが、ブランドが確立された状態と言え
ます。

私：最も理想的な状態ですね。では、「人格形成」＝「ブランド構築」
を実施する際に、白部さんが大切にされているのは、どのような
ことでしょうか？

白部さん：私が大切にしているのは「準備力・実行力・改善力・継
続力」です。「準備力」は取材を含めた情報収集、特に体験しな
がらの情報収集を最重視しています。白部は正真正銘の冴えない
おっさんですが（笑）、女性のスキンケア商品・メイクアップ商
品であったとしても、**自分自身で一定期間体験し、自分なりの実
感を得るようにしています。**

私：あー……。某案件での「覆面調査」もそうでしたね。リアルな顧客対応やサービス、会話などを調査されていましたよね。あのアウトプットのインパクトは、今でも忘れません（笑）。

白部さん：はい（笑）。体験を通じて情報収集することが最も重要だと考えています。次に「実行力」です。ブランド構築のプロジェクトとなると、議論で満足する方や、懸念点を考慮することで納得してしまう方がいらっしゃいます。ブランド構築にとって見るべき相手は「お客様」なのに、つい企業目線で結論を出し、可能性の芽をつんでしまうことが少なくありません。なので、一定の方針が定まったら、実行し、世の中に投げかけて評価をいただくことにこだわっています。

私：時間をかけすぎず、ある一定のスピードを重視するということですね？

白部さん：はい。スピードを重視するのは、デジタル社会という外部環境の影響もあります。ただし、以降の「改善力」「継続力」をセットで考えることが重要です。改善力とは、「データ」と「生の声」を分析し、解決策を見出すことです。そして、継続して改善し続けていくことが重要です。ちなみに、改善を継続する過程においては、いろいろな人の意見を聞いてもよいのですが、その上で、いろいろな意見や観点から「何を決断できるか？」が重要です。経験上、多数決での決定は、あまりポジティブな結果を得られません。

私：デジタル・Web マーケティングでも、PDCA・ブラッシュアップが非常に大切ですが、ブランド構築においても共通ということですね。とはいえ、時間を要しそうですね。

白部さん：はい。時間を要します。コミュニケーション 1 つとってもそうですが、ブランド構築というのは「多面的」に考える必要が

あります。コミュニケーション方法やコミュニケーションチャネル、流通にいたるまで、神は細部に宿ります。「ローマは一日にして成らず」なのです。

私：一定の成果を得るために、組織的に欠かせない大切なことはあるのでしょうか？

白部さん：はい、あります。社内外問わず「信頼関係」だと断言できます。

私：何か、わかりやすい事例などありますか？

白部さん：今回の取材テーマと照らし合わせますと、かなり部分的な事例ではありますが、帝人の「だけじゃない。テイジン」が、まさに象徴的な案件でした。私は2002～2008年にかけて、TVCMを中心にコミュニケーションを担当させてもらいました。ネットではおそらく紹介されていないので、ここだけの話として紹介します。案件全体での重要なポイントは次の3つです。

1）クライアントと広告会社、スタッフが一丸となって取り組んだ
2）TVCMをはじめとするコミュニケーション活動を通じて、帝人社内・取引先・学生・株主等のステークホルダーが一体となった
3）BtoB企業において、TVCMがプロダクトやシンボルになれた

間違った理解をしていただきたくないのですが、TVCMだけでブランドが構築されたのではなく、TVCMを起点に相乗効果が生まれ、ブランド構築に寄与できた、というのが正解です。
決して、TVCM＝ブランド構築ではありません。
この案件は、クライアントと広告関係者が戦友になり、日本人とフランス人を主とした外国人スタッフが「家族」になるという、グローバル企業・帝人にふさわしい、夢のような日常の実現と言

いますか、摩訶不思議と言いますか、特筆すべき経験でした。

私：「だけじゃない。テイジン」は、世代によっては知らない人はい
ない、というくらい印象に残っています。ちなみに、日本の企業
を見ていると「イメージ」か「販促」のどちらかに偏っている、
という印象を個人的には受けるのですが、その点、どのようにお
考えですか？

白部さん：そのとおりだと思います。先ほど、日本企業は「イメージ
を高める」というのが先行しており、デザイン力・クリエイティ
ブといった「〜すべき論」が目立つ、と言いましたが、言葉を選
ばずに言わせていただくと、企業側の勉強不足という点は否定で
きないと思います。
「ブランド構築」というテーマになりますと、理解されている方、実
践してきた方が少ないので、自社と同じ状態や状況ではない他社を
参考にして、表面的に実施してしまうことが多いように思えます。

私：具体的な解決策はあるのでしょうか？

白部さん：グローバル企業は、ブランド構築・プロモーションを合わ
せた力で売上を考えています。冒頭でも申し上げましたが、やは
り「商売繁盛」が目的なので、2本立てで売上＆LTVアップを目
指すべきだと思います。ブランド構築とプロモーションを分けた
縦割り組織では、ブランド構築は、投資効果が曖昧に終わるため、
全力で実施できません。それと、プロモーション側の視点ですと、
ブランド構築の恩恵が微妙にあったかも!? という評価で終わっ
てしまいます。予算はブランド構築とプロモーションで分けても
問題ありませんが、2本立てで、売上・利益向上を追求すべきです。

私：ブランド構築とプロモーションを2本立てで考えること、グロー
バル企業と日本企業との考え方の違い、組織上の違い、そして何

よりも、国籍が異なっていても一丸となって取り組むことの偉大さも、改めて理解することができました。本当にありがとうございました！

〚 **共通質問** 〛

私：予算がない状況であっても、ブランド構築に着手すべきでしょうか？

白部さん：実施すべきです。なぜなら、お金をかけることだけが「ブランド構築」ではないからです。大きな予算を投下する前に、会社名、会社ロゴ、タグライン（メッセージ）、組織・社員の意識（インナーブランディング）など、やるべきことはたくさんあります。クリエイティブやイメージ広告などは儲かった時に実施する、くらいの感覚でいいと思います。

私：これだけは必ず実施すべきこと（または、やってはいけないこと）があれば、一言お願いできますでしょうか？

白部さん：シンプルさです。つまり、欲張らないことでしょうか。広げすぎると「曖昧」になり一貫性に欠けます。ブランド構築＝人格形成なので、複数の人格形成からスタートしてしまうと、やはり複雑になって伝わりにくくなります。市場の状況などを踏まえて後から複数の人格形成を追求するのは OK ですが、スタート時はシンプルに欲張らないことが肝要かと思います。

白部真一　imOrOck

1963年福岡市生まれ。31年間で7つの広告代理店に勤務。日産「イチロ・ニッサン」、JT「大人たばこ養成講座」、NIKE「S.T.H.」、帝人「だけじゃない。テイジン」等を担当し、定年前に脱退。近年は「感動喚起」をテーマに大学准教授と共同研究。広告業と並行してWeb動画、MV、映画（ショートフィルム）の制作、SDGs活動支援、作詞等を手がける。現在はimOrOckクリエイティブディレクター、コピーライター。ミッションは「退屈退治」。東京コピーライターズクラブ／TCC新人賞、ACC賞他受賞多数。

「ブランド強化広告」と
「ブランド構築広告」は異なる
──株式会社ディーズ　阪尾社長

　続きまして、最後に登場していただくのは株式会社ディーズの阪尾
社長です。企業のブランドイメージを高めながら、ダイレクトレスポ
ンスを追求するという阪尾社長の得意領域にフォーカスして取材させ
ていただきました。

私：阪尾社長が考える「ブランド構築」についてお聞かせください。

阪尾社長：ブランド構築の定義に入る前に、まずはマーケットを考え
　　ていただきたいと思います。マーケットは「高感度層1％」と「非
　　好感度層99％」で構成されています。「高感度層」とは、広告を
　　見て自分で良し悪しを判断して、購入を決定する層です。「非好
　　感度層」とは、有名なものやブランド感を重視します。信頼感や
　　安心感がなければ購入しない層です。

私：ご著書『お客のすごい集め方』にも記載があった内容ですね。

阪尾社長：そうです。ブランドが構築されていない企業が1％の「**好
　　感度層**」を取り合っても、**広告のレスポンスは必ず落ちます。つ
　　まり、ブランドが構築されていない企業は「99％の領域」にチャ
　　レンジすべきなのです。**ただ、ブランドが構築されている企業と
　　の戦いになりますので、丸腰で戦いを挑んでも勝ち目はありませ
　　ん。戦力差を広告の反応率で喩えるならば、ブランド構築済みの
　　企業が1回の広告で100件から1,000件の受注や問い合わせが
　　入ったとしても、これからブランドを構築する企業が同じことを
　　しても、おそらく1件の受注や問い合わせ、というくらいの開き
　　があると思います。

私：すごく共感できます！ なので、いきなりブランドイメージ広告
などを実施しても、よほどの価値や強みが存在しなければ「売れ
ない」という背景を理解すべきということですね。ダイレクトレ
スポンスの世界では、ブランドが構築されている企業と、これか
らという企業の「戦力差」は、残酷なほど違いますからね。ブラ
ンドが構築されている企業の Web マーケティングは指名購入が
多いので、全体の CPO も下がりますし、件数も獲得できます。

阪尾社長：そういうことです。その点を理解いただいた上で「ブラン
ド構築とは？」という本題に入りたいと思うのですが、一言で言
えば、ブランド＝「信頼」だと考えています。そして、「これか
ら頑張ってブランドを構築していくぞ！」という企業には熾烈な
戦いが待ち受けているので、よほど資金が潤沢な企業でないかぎ
り、だらだらと投資するわけにはいきません。

そこで、「信頼」を加速させる必要があるのです。その加速させ
るパーツの一部が、**売上、独自性、歴史、認知度、社会貢献、社
長の言葉、従業員数、店舗数、フォロー体制**などです。この点に
関してはまだまだ開発中なのですが、現時点ではこれらの要素が
考えられます。

私：加速させるパーツが必要という観点は、まさにダイレクトレスポ
ンスに軸足を置いていたからこそですね。とても共感できます。

阪尾社長：ありがとうございます。ちなみに、他の要素もあります。
リアル店舗であれば「どこで売っているか？」です。
誰もが知っている百貨店などで売られている製品、というだけで、
立ち上げたばかりの製品であれば大きな信頼となります。

私：あー、昔のクライアント様が、某観光地の高級ホテルに常設して
もらっていました。それと、SNS であれば、「誰が言っている
か？」「誰が使っているか？」「本気で言っているか？」といった

要素も信頼につながりますね。

阪尾社長：そのとおりです。従って、**ブランド構築を加速させるために信頼を構成する「パーツ」を発信する必要があるのです。**

私：他に「信頼」を加速させるためのパーツはありますか？

阪尾社長：無料プレゼントなどでしょうか。通販に限らず、ファーストタッチを経ることで信頼は加速します。広告の素材・クリエイティブには、搭載して検証してみてほしいですね。

私：なるほど。あくまでも信頼の加速を重視して設計するという点ですね。それでは、次の質問をさせてください。阪尾社長が考える「認知度」とは、どのようなものでしょうか？

阪尾社長：ブランド・ロゴなどがユーザーに想起される度合いでしょうか。ただし、認知度には「強い」ものと、そうでないものがあります。

一時的に認知度が上昇しても、忘れられてしまっているブランドというのは枚挙にいとまがありません。空洞化したブランドはあふれています。一方で、ユニクロさんなどをはじめ、一段ずつ着実に積み上げた認知は強烈な強さを持ちます。

私：すごくわかります。瞬間的に購入などの意思決定をされる製品でもないのに、短期間でドカンと打ち上げ花火をあげるような広告戦略を展開する企業もありますよね。一段ずつ積み上げるというのは、まさに Web マーケティング、ダイレクトレスポンスのPDCA と同じですね。

それと、ブランドが構築されている企業と、これから構築するという企業の戦力差についてのお話がありましたが、広告という観点で、企業側の利用目的などに違いはあるのでしょうか？

阪尾社長：ここは、多くの方が誤解されているのですが、**ブランドが構築されている企業は「ブランド強化広告」を打つべき**です。強化していく段階なので、この場合、ブランドの信頼を加速させるパーツは不要です。

一方、**ブランド構築中の企業は「ブランド構築広告」を打つべきです**。継続的に巨額の広告予算を投下することが困難な企業は、代わりとなるパーツ、つまり、信頼を構成するパーツが必要不可欠になるわけです。

私：ブランド「強化広告」とブランド「構築広告」の違い、すごくわかりやすいです。もう少し突っ込んでお聞きしたいのですが。ではなぜ、ブランド構築＝イメージ広告が多いのでしょうか？

阪尾社長：やはり、ブランド強化広告とブランド構築広告の違いがあまり理解されていないからだと思います。雲の上に君臨するブランドが構築された企業が実施している「ブランド強化広告」を、これからブランドを構築する企業が模倣しようとしてしまい、結果としてイメージ広告を採用してしまうのだと思います。

私：弊社でも、ブランド構築段階の企業が「強化広告」を実施したあげく売上につながらず、ご相談いただくケースが少なくありません。

阪尾社長：はい。広告主がもっと学ぶ必要がありますね。それと、ダイレクトマーケティングの広告とブランド構築の広告の違いを理解していない方も、とても多いように感じます。

私：御社で、ブランド構築を実施する際に心がけている点があれば教えてください。

阪尾社長：クライアント企業が、市場においてどのような位置に存在するのか？ この認識のすり合わせから入ります。「売上」や「設

立年数」など、複数の項目でチャートを作るのですが、参入して
いる市場でブランド構築ができている競合企業が存在している場
合は比較をして、いま、そのクライアント企業はどのような場所
に存在しているのか、認識を合わせます。

私：ブランド強化広告とブランド構築広告の違い。非常にわかりやす
いお話でした。レスポンスを軸足に置きながら、企業のブランドイ
メージも損なわないという最も難しい最前線で活躍されているだ
けに、深いお話をお聞きできました。ありがとうございました！

〔 **共通質問** 〕

私：予算がない状況であっても、ブランド構築に着手すべきでしょう
か？

阪尾社長：「予算がない状況」にもよりますが、早く始めたほうがい
いです。例えば、広告予算が100万円もない場合であれば、すぐ
に売上が伸びる広告を作らなければなりません。ですので、自ず
とブランディングのことまで考える余裕はなくなります。このよ
うなケースで、仮に売上獲得に成功した場合は、効果の高かった
写真やキャッチコピーをベースにして同じような広告を作り上げ、
ブランド構築の礎を築いていく広告展開をするのが良いでしょう。
また、広告予算が500万円くらいある場合は、LPを展開するケー
スでも、新聞折込み広告を展開するケースでも、3案くらいは初
めからテストすることが可能です。これができると、売れた広告
をベースにして「このメイン写真＝この商品」「このキャッチコ
ピー＝この商品」というイメージを植え付けられるので、初めか
らブランディングの第一歩を踏み出すことができます。

私：これだけは必ず実施すべきこと（または、やってはいけないこと）
があれば、一言お願いできますでしょうか？

阪尾社長：信頼を加速させるパーツ「結果」「実証」「信頼」「安心」

４つのパーツを用意すること。広告効果はこの４つのパーツが入って最大化されるので、これを入れておかないと「広告効果」の分析ができません。また、やってはいけないことですが、これは信頼感を損なうことです。ブランド構築とは一つひとつの信頼の積み重ねです。ですので、お客様を裏切ることや、悪い印象を与えるようなことは、できるだけ避ける必要があります。

阪尾圭司　株式会社ディーズ 代表取締役

1968 年生まれ。25 歳から広告の世界に入り、2000 年、日本初となるレスポンス広告専門の広告制作会社『株式会社ディーズ』を設立。大企業から中小企業まで、これまでに数千の広告制作に携わり、現在多くの企業が広告作りに採用している「レスポンス広告 4 つのパーツ理論」や、企業ブランディングを行いながら売上を高める「3 ステップ ブランディング理論」を生み出した。約 25 年間、売上獲得の最前線で戦い、どうしたら売上げを伸ばし続けることができるのかを追求し続けている。著書に『お客のすごい集め方』（ダイヤモンド社）、『仕事と恋愛に効く 5 つの法則』（かんき出版）、『阪尾式 広告制作パーフェクトガイド』（日経 BP 社）、『その広告・チラシがなぜだめなのか？』（SMBC コンサルティング）などがある。

---

05 「愛着」を構成する要素とは？

　３名の専門家の考えに触れてきましたが、いかがでしたでしょうか？ あなたの企業の現在の状態によって様々な解釈があると思いますが、取材を終えて私が感じたのは、愛着度の高い企業には「共通点が多い」ということです。

　ファンが多く、多くの顧客から支持を得ているような企業はもとより、いつも混んでいる飲食店など、いわゆる「人気のある企業」には共通点が多いと感じるのは、私だけではないと思います。

　ブランドとは「信頼」や「企業の人格」であるとすれば、やはり、人が人に抱く好意や、愛おしいという感情と同じだと思えてなりませ

ん。つまり、顧客に企業や製品の「人となり」や「人格」がわかるように、企業は「志」や「存在意義」を明確にすることが必要であり、ルックスだけではなく「一貫性」といった実際の行動、そして、中身が大切なのではないでしょうか。

　私事で恐縮ですが、私の長男は野球をやっていまして、甲子園で何度も優勝している「超」が付く名門校に入学しました。いまは訳あって転校し、新たな高校で野球を続けているのですが、この超名門校の保護者会で、監督さんが口にしていた言葉が印象に残っています。
「私たちは本気で日々、日本一になるために頑張っています。お父さん、お母さん、そのために何が必要だと思いますか？ うちの学校よりも、センスがある選手をスカウトしている高校はたくさんあります。私は、はっきりわかっています。それは、日本一応援されるチームになることです」
「そのためには、応援される人間性が必要不可欠です。わかりますか？ 身近な人に感謝できる、身近な人に応援される、そうした人間性が全てなんです」
　全国制覇が目標なので、日本で一番、日々の練習などで努力するのは最低限のことですよね。これは誰にでも理解できると思うのですが、「応援される」という言葉が出たことに、私は非常に感銘を受けました。まさに「愛着」に近い表現ですよね。

◉ 愛着が生まれる5つの要素
　今回の取材を通じて、ブランド構築には「企業の人格形成」「信頼」「志」というキーワードがありました。
　また、以前に拙著『なぜ、あの会社だけが選ばれるのか？』（ビジネス社）で取材に協力いただいた ZOZO 前社長の前澤さんから「うちで購入してくださるということは、うちの何かに響いてくれているのだと思っています。その結果、"物を購入する"という行動で応援して

くださっているのでは？ 個人的にはそう感じています」というコメントをいただいたことがあります。

　企業の売上は、製品やサービスを販売することで作られます。そのため、製品やサービスといった直接的かつ目につきやすいところばかりに目が行きがちですが、もしかすると、製品・サービスというのは、企業の人格を物語る日々の行動や結果の「一つ」にすぎないのかもしれません。

　そこで、今回の執筆、ならびに支援先企業様から学ばせていただいた「愛着が生まれる5つの要素」を、まとめてみました。

　次の図で、それぞれの内容を確認してみてください。

【 今回の取材から見えてきた
「企業が考えるべきことと進むべき方向性」（イメージ図）】

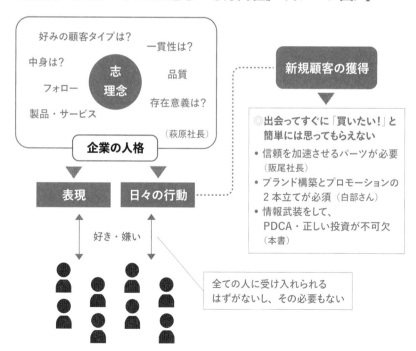

1）企業という「人」と顧客

　企業という「人（人格）」と、消費者という「人」の関係なので、普段の人間関係と同様に、万人に好かれる・受け入れられる必要はない。気持ちが通じる、共感できる人を明確に設定して、その人だけに好かれればよいという姿勢が必要かもしれません。80〜90年代のアップルのスタンスがそうだったように感じます。

2）髪型・服装・靴・言葉遣いから「人」がわかる

　人の容姿を観て、好みが合う・合わない、と感じる代表的な要素が「髪型・服装・靴」などの身だしなみですよね。そして言葉遣いからは、その人の「心」がわかります。同じように、企業の「日々の行動・表現」から、企業の人格が浮かび上がります。当然、人格を否定するようなクリエイティブなどは回避する必要があります。

3）中身と一貫性のある行動

　魅力的な人は、その内面・中身の良さが外面にもあふれ出します。また、一貫性のある行動から「信頼」が生まれます。企業においても、表面的ではなく、中身がどうなっているのか？　企業活動における、あらゆる要素において一貫性が保たれているのか？　が問われるように思います。

4）製品・サービスの品質と差別化

　いくら企業としての人格が素晴らしくても、製品・サービスに優位性・差別化要素がなければ、当然、マーケティングは苦戦します。徹底して高い品質と差別化を追求し続けることが大切です。

5）サポート

　販売・提供した「後」こそ、「企業の人格」が見えますよね。徹底したサポートを提供している企業の製品を買ったり、そうした企業に

仕事を依頼したりすると、とても安心できます。一方で、「売った後は知りません」という空気を感じる企業に対しては、「二度とお世話にならない」と感じますよね。

　以上が「愛着」が生まれる５つの要素です。

「愛着」というテーマは、非常に奥が深いものだと痛感します。ただ、数字だけを追い続けていても頭打ちになるのは、絶対に間違いありません。
　一方で、足元の売上を考えずに、愛着が生まれることばかりを追求していても、市場からすぐに退場することになってしまいます。これも現実です。
　売上と愛着の双方をバランスよく循環させることが、デジタル、アナログを問わず、マーケティングの真髄なのかもしれません。

06 「新規購入」から「愛着」を生む循環

　ブランド構築中の製品やサービスにおいて、「はじめまして」の瞬間に購入していただくことは、容易ではありません。
　ですが、「ブランド構築は企業の人格づくりだ！」「信頼だ！」と鼻息荒く施策を打ったところで、簡単に成果が得られるほど甘くないというのも事実です。「新規顧客の獲得」から「愛着」が生まれるプロセスには、大きな壁がいくつも存在します。
　ただ、どのような企業でも、どのような製品・サービスであっても、必ず勝ちパターンは隠れています。この「勝ちパターン」を探究し、磨き続けることが重要なのです。

　今後は、次ページの右側の図のように、企業や製品に対して「なん

Chapter
9

ブランディング・愛着度

かいいよね」と応援してくれる人が「新規顧客」を紹介してくれるというサイクルを構築することが大切になるというのは、多くの方が感じているとおりです。これからの企業は、具体化が難しい「感性」なども、意識する必要があるのです。

【従来のマーケティングの流れ】　　　**【今後のマーケティングの流れ】**

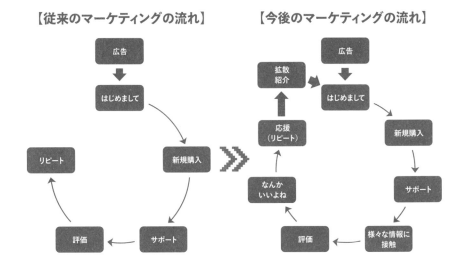

　繰り返しになりますが、「はじめまして」から、新規顧客化・応援・紹介といった好循環のサイクルを構築することが、ますます競争が激化するネットマーケティングやネット広告から一歩抜け出すための最良の施策であることは間違いありません。

　一時的な施策の成功で満足せず、好循環サイクルを構築することを追究し続けましょう。弊社も永遠のテーマとして研究し続けたいと思います。

　最後にひとつ。今から10年ほど前、ブログを中心としたステルスマーケティング（いわゆるステマ）で大騒ぎになった詐欺事件を覚えていますでしょうか？

　某サービスサイトの運営企業が意図的に消費者を騙していたことが

発覚して有罪となり、その運営企業からは逮捕者も出ました。さらに、某サービスサイトを使用していない芸能人数名が、ブログへの掲載費用をもらって、さもユーザーであるかのように紹介していたという事実も発覚し、芸能活動を引退・自粛するような騒動にまで発展しました。

　実は、こうしたステマに近いような手法が、SNS の利用者の増加に伴い、現在のデジタル・Web マーケティングの現場でも再発しています。広告として紹介する際は【PR】表記を義務付けているプラットフォームもありますが、そうではない自作自演の記事広告や情報も少なくありません。最近では、消費者庁も「ステルスマーケティング検討会」という会を発足させ、日々議論をしています。

　現状、著名人やインフルエンサーによるステルスマーケティングなどの詐欺サービスを紹介しているケースは見たことがありませんが、問題は紹介するサービスが詐欺か詐欺でないかではありません。「背に腹は替えられない……」「ここ１年だけ……」という思いもわかります。

　私は、電気・ガスを止められた極貧状態も経験したことがあるので、「清濁併せ呑む」という点では、どちらかといえば理解のある方だと思います（笑）。

　もし、そのような誘惑に負けそうな時は、いま一度企業としての「人格」「信頼」「一貫性」を、この機会に考え直すことから再スタートしてみるのは、どうでしょうか？

「愛着」が生まれる好循環の原点は、企業の人格・内側にあるということは間違いありません。

　もしも、そうした誘惑に負けそうになった時には、ぐっとこらえて、他に選択肢がないか？ 他に施策はないか？ いま一度、立ち止まって考えてみましょう。

SNSを活用する

　本章では、企業のマーケティング担当者であれば避けて通ることのできない「SNS」について共有していきます。**自社のマーケティング活動にとって、SNS をどのように活用すべきか？ 正しく捉え、正しい判断を下すための材料**を整理しました。

　ざっくり概要をお伝えすると、SNS の基礎データや関係プレーヤー、拡散の性質を理解して、ダイレクトレスポンス（即コンバージョン）という観点での SNS を考え、私たちが SNS に抱いている幻想と利点を客観的に理解したのち、最後に SNS の特徴・性質を捉えた検証結果や事例をご紹介します。

　現在、企業（特に個人ユーザーが対象の企業）にとって、もはや SNS は無視できない存在となりました。身近にいる 20 〜 40 代に（可能であれば世代別に）「製品や店舗探し、評判の確認手段として、何を使っているか？」聞いてみてください。世代やインターネットリテラシーによって異なると思いますが、今や SNS は、情報収集の主要

手段になっていることがわかるはずです。

　SNS の登場によって、オープンの場でありとあらゆる人や企業が、交流や情報共有など様々なコミュニケーションをとることが可能になりました。今、私たちマーケティング従事者は、誰も経験したことのない環境でマーケティングを行っているのです。

　ただし、だからといって何もかも SNS が戦略の軸になるのか？ というと、そんなに単純な話ではありません。

　まず共有しておきたいことは、SNS の登場により、今のネットユーザーは「人が処理できる量を遥かに超える情報」と接しており、ネット上に点在する膨大な情報に対する処理スキルが格段に上がっているということです。その結果、今まで通用していた小手先のマーケティング施策では苦戦を強いられるようになっていますし、「嘘っぽい手法」や「ヤラセ」はすぐにバレてしまいます。

　私たちマーケティング従事者のミッションは、**対象顧客が「存在する場所」を探し当て、企業マーケティングに上手に活かす**ことです。この王道は不変なのですが、ご存じのように SNS はサービスごとに性質が異なるので、「SNS」という一括りにして対策を練ることはできません。

　次に、SNS は従来のマーケティングと何が異なるのかを考えます。まず、ハッキリ言えることは、**①企業からのトップダウン型の訴求はユーザーにスルーされやすい、②ユーザーの行動に対して企業がリアクションをすると、信頼関係につながる**、ということです。この大きな特徴を忘れてはいけません。そして、ユーザーは**ネットに散在する**情報から**「真実」（リアル感）を無意識に探しており、適度な距離感を望み、「なんかいい感じ」という感覚を好みます。そして、高圧的・一方的な姿勢は避けられます。**

　つまり、今まで以上に、企業が思うように対象顧客をコントロールすることができない時代に突入しています。

◎ SNS 時代までの変遷

インターネットが登場する以前（インターネット普及後も暫くの間は）、「広告」や「マーケティング」はトップダウン的な方法が主でした。戦後すぐのころ（私はまだ生まれていませんでしたが）からのマーケティングの変遷をイメージしてみましょう。

終戦後、復興・高度経済成長へと突入した時代には、製品やサービスなどの情報入手経路は TV・ラジオ・新聞などの媒体が主でした。おそらく、当時の多くの消費者は、広告・非広告に関係なく、身近にある情報自体が少なかったので、製品やサービスなどの情報入手経路は、企業が一方的に発する情報と、身近な人との間の口コミや評価が主だったと思われます。

つまり、企業側にとっては、どこで、どのようなメッセージを発信すればよいか？ どのように印象・記憶に残したらよいか？ など、対象顧客への情報の「届け方」と「残し方」、そして「接触頻度」を追究することが、マーケティングの主業務だったはずです。

やがて、インターネットが普及し、Google などの検索エンジンが台頭しました。Google は「世界中の情報を整理し、世界中の人々がアクセスして使えるようにする」というミッションを掲げ、サイト情報をロボットで収集し、探したい人が希望するサイトにアクセスできる「検索」という機能を普及させました。

そして、膨大にあふれるサイトのなかで他（競合）よりも目立って消費者とコンタクトが取れるように「ネット広告」が生まれ、その膨大なデータ量を利用して広告配信精度が著しく上がったのは、すでにお伝えしたとおりです。

同時に、「新しいメディア」として市民権を得た「特定分野特化型サイト」がいくつか誕生しました。様々なカテゴリの価格を比較するという、当時としてはエッジの効いた価値を提供した「価格.com」や、コスメ関連の口コミを共有する「アットコスメ」、レシピを共有する「クックパッド」など、ユーザーの発信・投稿がコンテンツとな

り、そのコンテンツが利用者を呼び、媒体の地位を築きました。これは企業などが一方的に発信する情報ではなく、利用者などの客観的＆リアルな情報に関心が集まる時代の幕開けだったと考えられます。

　同時に、知人や有識者など、他人の価値観・思考・日常などを知ることができ、コメントを通じてつながることができる「ブログ」も市民権を得ました。そして、このタイミングで立ち上がったのがSNSです。

　こうして順を追って見ていくと、急激に市民権を得てきた消費者中心のデジタルメディアの拡がりと、企業が一方的に発信するだけのトップダウン型マーケティングの限界は、誰でも理解できるかと思います。このような背景を踏まえ、本章では次の6つの観点からSNSを捉えていきます。

【基本】
1）主力SNSの利用者
2）SNSを取り巻くプレーヤー
3）拡散の種類

【実態と応用】
4）ダイレクトレスポンスという観点でのSNS
5）SNSに抱く幻想
6）SNSの利点を活かす

　SNSを運用しているけど、効果につながらない……。このような企業も少なくないのが、実情ではないでしょうか？

　企業がSNSの公式アカウントを立ち上げるということは、対象顧客とのコミュニケーションが主目的ですので、一度立ち上げたら簡単にやめるわけにはいきません。

「とりあえず始めて、動きながら考える」というやり方は、個人的に

は好きですが、SNS 運用は意外と手間と時間がかかります。そのため、SNS の特性と、自社の事業ドメイン、人員・リソース、対象顧客の特性などを熟慮して、運営する SNS を選択する必要があります。

　企業によっては、SNS の活用は運用・広告共に不要というケースもあるかもしれません。ただ、SNS の要素を分解して確認しておくことで、いざ「SNS を使わないと！」となった際に右往左往することがなくなるので、この機会に、一緒に確認していきましょう。

01 主力 SNS の利用者

　まずは主力 SNS のデータを確認して「誰が利用者なのか？」を理解しておきましょう。

▣ 主力 SNS の利用者

　下の「資料①」は、SNS 運営企業の公式資料をベースに、同じ項目で集計した資料です。備考の記載内容は、各資料から抜粋しています。資料②は、総務省情報通信政策研究所の資料です。

【資料①】

	利用者 (万人)	性別比率		年齢別						
		女性	男性	10代	20代	30代	40代	50代	60〜64歳	65歳以上
LINE ※1	8,900 + over	55.6%	44.4%	7.1%	13.9%	17.9%	19.1%	15.0%	11.9%	15.0%
Instagram ※2	4,400	56.2%	43.8%	7.0%	36.5%	27.9%	17.9%	8.2%	2.5%	
Facebook ※3	2,500	47.2%	52.8%	3.0%	24.4%	27.2%	23.6%	14.0%	7.9%	

【備考】
LINE：日本人口の 70%以上をカバー。
Instagram：前年度 130%成長。20 代を中心に、10 〜 30 代の利用者が 7 割以上。
Facebook：97%がモバイルからアクセス。男女 20 〜 34 歳がコアユーザー。
出典：※1 LINE Business Guide LINE 株式会社 マーケティングカンパニー 2022 年 1 〜 6 月版 v2.0 ／※2 Instagram 2020 年 7 月 22 日資料／※3 Facebook 2020 年 7 月 22 日資料

※ Twitter の公式情報の公表は 2017 年が最後で、情報が古いため除外しました。

【資料②】
令和3年度　主なソーシャルメディア系サービス / アプリ等の利用率
（全年代・年代別）

	全年代 (N = 1,500)	10代 (N = 141)	20代 (N = 215)	30代 (N = 247)	40代 (N = 324)	50代 (N = 297)	60代 (N = 276)	男性 (N = 759)	女性 (N = 741)
LINE	92.50%	92.2%	98.1%	96.0%	96.6%	90.2%	82.6%	89.7%	95.3%
Twitter	46.20%	67.4%	78.6%	57.9%	44.8%	34.3%	14.1%	46.5%	45.9%
Facebook	32.60%	13.5%	35.3%	45.7%	41.4%	31.0%	19.9%	34.1%	31.0%
Instagram	48.50%	72.3%	78.6%	57.1%	50.3%	38.7%	13.4%	42.3%	54.8%
mixi	2.10%	1.4%	3.3%	3.6%	1.9%	2.4%	0.4%	3.0%	1.2%
GREE	0.80%	0.7%	1.9%	1.6%	0.6%	0.3%	0.0%	1.3%	0.3%
Mobage	2.70%	4.3%	5.1%	2.8%	3.7%	0.7%	0.7%	3.4%	1.9%
Snapchat	2.20%	4.3%	5.1%	1.6%	1.9%	1.7%	0.4%	1.3%	3.1%
TikTok	25.10%	62.4%	46.5%	23.5%	18.8%	15.2%	8.7%	22.3%	27.9%
YouTube	87.90%	97.2%	97.7%	96.8%	93.2%	82.5%	67.0%	87.9%	87.9%
ニコニコ動画	15.30%	19.1%	28.8%	19.0%	12.7%	10.4%	7.6%	18.1%	12.4%

出典：総務省情報通信政策研究所「令和3年度情報通信メディアの利用時間と情報行動に関する調査 報告書」

Chapter **10**

SNSを活用する

　男女比・年齢別などのデータ確認は基本ですが、自社にとっての向き不向きを知るためには、データ確認だけで終わらせず、実際にユーザー目線でサービスを体験することが重要です。「毎日利用する」というくらいにSNS利用の頻度を上げて、徹底して体感しましょう。

　資料について、誤解を与えてしまいそうな点だけ補足しておきます。まず、資料①は、各社が公表しているユーザーの年齢比率です。そして資料②は、母数が1,500人で性別・世代別でほぼ均等に人数が振り分けられており、「利用率」の定義は、アンケート調査において「自分が利用している」と回答した割合です。日本人全体を分母としたデータではありませんのでご注意ください。

　次に、資料①、②ともに、LINEユーザーの多さが目立ちますが、ご存じのとおり、あくまでもメールのような「メッセージアプリ」と

しての利用が多い点を忘れてはいけません。

　その他にも、文字が中心、文字数に制限、動画中心、画像中心といった、SNS サービスごとの特性がありますが、（繰り返しになりますが）マーケティングに活用するのであれば、ご自身で実際に体験してみて、その特徴を"体感"することを推奨します。

02　SNS を取り巻くプレーヤーと関係性

　主力 SNS のユーザーを理解した後は、SNS に関与するプレーヤーと、関係性について共有し、全体像を把握していきます。

◻ SNS を取り巻くプレーヤー

　様々な SNS が存在しますが、どの SNS も大なり小なり【投稿者】と【閲覧＆視聴者】、そして【企業】が存在することでプラットフォーム事業として成立しています。それぞれのプレーヤーを確認していきましょう。

【投稿者】：複数のパターンが存在します。
A）**広告収入を完全に無視**
　　つながりの数よりも「関係性重視」。価値観の合う人に、好きな情報を好きなタイミングで発信します。
B）**広告収入を夢見る投稿者**
　　広告収入が主目的だが、その条件を満たせていない。
C）**広告収入が全て**
　　広告収入を得られる条件に達し、投稿は広告収入ありき。
D）**広告収入が主ではあるが、広告の仕事は限定的**
　　知らない・興味のない広告主の仕事は受けない。「魂を売らない」という考えを持っています。

E）広告収入は不要で、ファンとのつながりだけが目的。

　ファンとのつながりだけのために SNS を利用しています。

【閲覧＆視聴者】： 投稿者も該当しますが、閲覧専門の人もいます。

【企業】： 公式アカウントを運用します。消費者に知ってもらう、消費者を知る、消費者との関係を構築することが主目的です。

【広告代理店】： SNS 内に表示される広告を運用代行します。

【SNS アカウント運用代行企業】： 企業アカウントの運営が自社で対応困難な企業に代わって、代行運営します。

【インフルエンサー紹介企業】： 製品やサービスを有償で紹介してくれるインフルエンサー（投稿者 B、C、D）を紹介してくれる企業です。

　以上が、SNS に関与しているプレーヤーと概要になります。

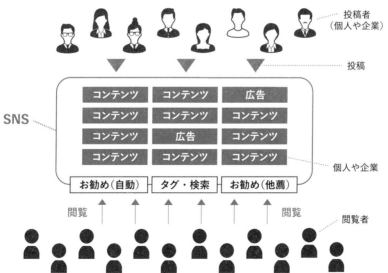

【 SNS を取り巻くプレーヤー（イメージ）】

投稿者に関しては5パターンに分類していますが、実際のところ、何かを「発信したい」といったシンプルな動機の場合もあるため、前述のようにハッキリと分類できるわけではありません。

ただ、特徴を押さえておくという点では大きく間違っていないので、主にこういった投稿者が存在している、ということを理解しておきましょう。

◉ SNS（プラットフォーマー）にとって各プレーヤーの存在は?

次に、SNSにとって、各プレーヤーの存在とは、どのようなものなのか? その関係性について確認をしていきましょう。

〈「投稿者」〉全てのはじまり

Googleの場合、検索対象となるWebサイトを、クローラーと呼ばれるロボットが自動循環してコンテンツを収集しますが、SNSの場合は「投稿者」がコンテンツを生成します。コンテンツがなければ人は集まりませんので、SNS側としては「投稿者」が満足して、継続的にコンテンツを生成したくなる「仕組み」を考えることが重要なテーマの1つです。

〈閲覧者〉広告収入の基盤

広告収入の源泉です。閲覧者向けサービスの価値を提供し、利用頻度を高めて広告の価値も高めます。ここはGoogleをはじめ各プラットフォームと同じですね。閲覧者へ与える「価値」については、例えばInstagramの場合は「大切な人や大好きなことと、あなたを近づける」というミッションを掲げています。

〈企業〉事業継続に必要な顧客であると同時に、可能性を広めてくれる存在。

• 広告出稿企業：SNSにとっての広告（利益）の源泉です。
• 投稿企業：ファン顧客が多い企業であれば、SNS利用中のファン

顧客の満足度が上がります。SNS 側からすると、仮に SNS 内にファンが少ない企業であっても、SNS 活用によってマーケティング成功モデルを作ってくれることで市場・他企業からの注目度が高まり、利用頻度や広告出稿の可能性が広がります。かつて企業の SNS が頻繁に立ち上がった際、その活用例などが至るところで取り上げられていたことは記憶に新しいかと思います。

◉ 各プレーヤーにとっての SNS の存在は?

次に、各プレーヤーにとっての SNS の存在について確認していきます。

〈 投稿者にとっての SNS 〉

前述の A 〜 E の 5 つの分類の他に押さえておくべき要素は、「つながり・承認・保存・誰かのために・思い出時間」です。これらのいずれかを得られる・共有できる・大切にしたくなる「場所」であると考えられます。また、広告収入目的の投稿者は、集客用 SNS とマネタイズ（広告収入）用 SNS など、使い分けている場合もあります。

〈 閲覧者にとっての SNS 〉

ここは様々な要素がありますが、私は、ここには人間の根本的な資質が隠れていると考えています。閲覧者にとっての SNS というのは、すぐに思いつくところであれば「暇つぶし」「好きなヒト・コト（趣味・嗜好）の情報入手」ですが、もっと根底にある要素を考えてみました。

- 「自分の知らない世界」「自分の先を歩んでいる人」を知りたい。
- 友人との会話やワクワクするネタと出くわしたい。
- 日常生活では経験できない、他人の体験を視て疑似体験したい。
- お店、製品、サービスの「口コミ」を知りたい。
- 周りから「取り残されたくない」。
- 誰か（何か）の後に付いていきたい。「心のよりどころ」が欲しい。

- 「SNS ユーザーの一部」でありたい。
- 「（特定の）投稿者の応援者」でありたい。

　細分化すればさらに広がっていくと思いますが、このような要素が主なのではないでしょうか。

〈**企業にとって SNS**〉
　企業にとっての SNS は、様々な可能性を秘めていることは間違いありません。企業にとっての可能性を構成する要素が次の4つです。

【コミュニケーション】
　自社製品・サービスを利用し、投稿してくれたユーザーと #（ハッシュタグ）を通じて瞬時につながることができ、投稿に対するお礼やコメントといったコミュニケーションも可能です。また、自社の発信内容に興味を持ってくれたユーザーにフォローされることで、情報を直接届けることが可能になります。継続的に、直接コンタクトが取れるという状況は、企業にとって大きな魅力の1つです。

【反応確認】
　閲覧者（一般ユーザー・ファン、対象・非対象顧客、顕在・潜在顧客）の反応をリアルに確認できます。ネガティブ・ポジティブな反応を確認できる場所といえば、これまでは掲示板サイトやブログが主でしたが、現在は気軽にコメントできる SNS が主となっています。

【情報発信】
　無料で簡単に、伝えたい情報を発信できます。自社に最適な SNS を選択する必要がありますが、人が集まっている場所に無料で情報発信できるので、使わない手はないですね。

【拡散】
　最後のテーマが「拡散」です。情報伝達スピードとその広がりは、SNS の大きな魅力の1つです。拡散については、閲覧者の反応と同

じくネガティブ・ポジティブ両面の可能性を秘めており、ネガティブな拡散がいわゆる「炎上」です。必要以上にSNSを恐れる経営者の方もいますが、「炎上で認知してもらえた」という考え方もありますので、一概にネガティブに捉えることはないと思います。

　以上が、企業にとってのSNSとなります。
　企業のマーケティング活動において、「拡散」に関してはもう少し詳細を確認していきたいので、次のテーマに進みましょう。

03 「拡散」の種類

「これで拡散してくれれば……」というのは、今でこそ減りましたが、少し前にマーケティング担当者がよく口にしていた台詞です。無計画な拡散では事業への恩恵を受けられないことを察知して、今となっては拡散に重きを置く企業は減りましたが、「一過性」でも知ってもらいたいという企業は少なくないはずです。では、「拡散」とは一体何なのでしょうか？ 少し考えてみましょう。

　私は、「拡散」には「コト」の拡散と「モノ」の拡散の2つがあると考えています。それぞれ、確認していきましょう。

1）「コト」の拡散

　なにか面白い情報や誰かの体験、発信者のキャラが濃い、などエッジが立ったコンテンツが、発信責任を考えずに拡散されます。
　話が脱線しますが、私の知人が撮影した写真がSNS上で拡散され、朝のニュース番組等で紹介されたことがありました。
　その写真はというと、季節は夏で、場所はビーチです。恰幅のいい私の知人が砂浜で仰向けに寝そべっており、その先には小島が2つあ

りました。知人のシルエットと背景の小島が完璧に重なり合った写真は、SNSで瞬く間に拡散されました。まさに「コト」の拡散の典型例ですね。

2）「モノ」の拡散

「モノ」の拡散とは、企業が提供する製品・サービス、あるいは企業そのものの情報拡散を指します。マーケティングに関与する方は、こちらの現象を狙っているかと思います。弊社もクライアント企業様の製品をSNS上で話題になるような施策を模索する時がありますが、ビジネスにインパクトを与えるような「拡散」は、そんなに簡単に引き寄せることはできません。なぜならば、「モノ」の拡散の場合、受信者と発信者の関係が作用するからです。

●製品やサービスを発信する時

　良識ある発信者であれば「責任」を考えます。また、良識ある人でなければフォロワーも増えないでしょう。フォロワー（情報受信者）が、友達だったりビジネスなどリアルの世界で関係がある場合や、信頼関係の太いファンなどの場合、情報の正確性や自信を持って紹介できる「モノ・サービス・企業」でなければ、推薦するような発信は困難です（PR・広告費を受け取って発信するケースを除く）。事実、最近は、魂は売らずに「信頼」を第一優先にした投稿者が増えています。

●フォロワーとして受信する時

「モノ・サービス・企業」の情報を受け取る際、「コト」の情報と比べると拡散の連鎖は生まれにくいですが、信頼している人からの発信であれば、タイミング次第で購入や申し込みなどにつながる可能性があります。

　このように、「モノ・サービス・企業」の拡散は、関係性、発信責任、発信力など、いくつかの要素が掛け合わされてビジネスへのインパク

トが決まります。ただし、**重要なのは、製品・サービス「そのもの
の力」、あるいは製品や企業の「存在意義」や「企業の人間力」です。**
どこにでもあるような製品を「拡散して売れないかなぁ」などと、都
合良く神風が吹くことを祈っても、拡散するはずがありませんよね。

　少し前の例になりますが、TikTok（ショートビデオを共有する
SNS）で、あるタクシー会社に勤務する60歳近い男性のダンス映像
が大きな反響を呼びました。劇的に短いネクタイをして、濃いキャラ
の持ち主がやりきっていました。ちょっと尖っていて、クスッとした
笑いもあり、一度見たら忘れないほどのインパクトでした。
　あるメディアの記事で知ったのですが、この取り組みはタクシー会
社の「認知度」の強化と「20代の採用」が目的だったそうです。
　TikTokを選択した点は、対象年齢を的確に捉えていますし、まさ
にエッジの立った「コト」コンテンツですね。実行目的と拡散要素が
完璧にハマったケースといえます。認知と採用が目的とはいえ、間接
効果として売上にもつながっているのではないでしょうか。
「コト」コンテンツから認知度を高め、適度な距離感でビジネスにつ
なげるというのも、業種・目的によっては、SNSマーケティングに
よる成果創出方法の1つです。

04 ダイレクトレスポンスという観点

　SNSの運用や広告となると、「SNSは売れる？ 売れない？」といっ
た結果だけの評価に偏ってしまいがちですが、そのような捉え方だけ
では、多くの企業が「SNSは駄目だった」といった視点だけにとら
われ、経験がストックされずに終わってしまいます。
　現実的な話を繰り返しますと、SNSで「売れるか？ 売れないか？」
は、企業や製品の好感度や市場での認知度、製品そのものが持つ力や、

もともとのポテンシャルなどによって大きく左右されます。

　いわゆる「ブランド構築中」の企業が、人・時間・資金を SNS に投入したところで、すぐに期待通りの購入や申込みといった CV 獲得ができるかといえば、"一部の企業"を除いて**十中八九は、期待とは大きくかけ離れた絶望的な結果になると思ってよいでしょう。**

　絶望的な結果というのは、**SNS の「利用率や利用者数が多い」というイメージに比例した成果が得られない、という意味です。**

　弊社がご支援の機会をいただいている「ブランド構築済みの企業」でも、SNS 広告の結果は、広告素材などを試行錯誤してやっと KPI を達成している状態です。ちなみに、ブランド構築済みの企業というのは、仮に特定カテゴリの認知調査を実施した場合、5 人中 4 人の方が 1 番目に想起する企業様です。このような企業様であっても、ダイレクトレスポンスという観点ですと、SNS 広告は簡単に成果を挙げることはできません。

◎ 即効性が得られる稀なケース

　ただし、ブランド構築中の企業であっても、広告を含め期待以上の成果を SNS 経由で得られる時が稀にあります。弊社での支援実績として実際にあったケースや、ベンチマーク企業で実際に発生したケースを含め、そうした例の発生条件を共有したいと思います。その発生条件とは、製品やサービスの価値があるのは大前提として、

- 影響力のある人や、メディアでの紹介があった。
- 成長＆成熟市場で、唯一無二の存在であり、価値がわかりやすい。
- 「新カテゴリ・新市場」を創造した。
- 価値のある巧みな企画・琴線に触れるコミュニケーション。
- もともと、知名度が高い（または"高かった"）。

以上のいずれか、または複数の条件を満たしているケースです。当たり前といえば当たり前ですよね。ただし、ご想像のとおり、瞬間的な風は何度も吹きません。また、故・梅澤伸嘉先生が提唱されていた「Ｃ／Ｐバランス理論」の「線香花火」のように、瞬間的に売上が伸びたとしても、製品やサービスの質が悪ければ製品寿命は短命に終わります。常に改善し続けなければ、製品寿命を延ばすことはできません。

◎ SNS ユーザーの特徴

前に、情報過多時代のユーザーは「1,000本ノックを受けている」という表現をしましたが、SNS で製品・サービスを探す際、多くの人は漠然とした「製品カテゴリ」を探すのではなく、例えば「原料」などの特定情報をあらかじめ絞った上で#（ハッシュタグ）を利用して該当製品に近い情報を探し、候補製品の情報を確認します。

つまり、SNS ユーザーが製品・サービスを探す際は、**目的意識を明確に持って行動しています**。

◎ SNS 広告の特徴

SNS 広告は、投稿・閲覧コンテンツや#（ハッシュタグ）、「いいね」「フォロー」といったアクションのデータを蓄積してグループ分けを行っているはずなので、獲得効率が良い時もあり、広告配信精度が高いと感じる時がありますが、一方で、一般的に顧客の「LTV が低い」というケースが多々あります（この傾向については後述します）。

◎ ダイレクトレスポンスの対象媒体として考えるべきなのか？

SNS 広告はダイレクトレスポンス（広告に触れて直接販売すること）向きの媒体か？ これは取り扱い商品や競合状況によって結果が大きく変わるため、非常に難しい判断になるのですが、結論としては「小さく挑戦して判断する」か、リソースが厳しければ優先度を下げ

てもよいというのが、私からの提言です。

　判断が難しい理由は3つです。

　1つ目は、SNS広告の利点として、（今なら）広告費が安価に済む
ジャンルが存在します。これは獲得効率に直結するため、非常に大き
な魅力でもあります。

　2つ目は、広告素材の疲弊が早いため、スピーディーにバナーなど
の広告素材を量産し、投入できる体制が必要なためです。

　3つ目が「LTV」の問題です。SNS広告経由の顧客は「**LTVが
低い**」**という評価になりやすいのが実情です**。媒体だけの問題と一概
には言えませんが、ひとつの仮説として、SNSの場合はキャンペー
ンや特典企画などの反応が高い傾向にあり、ユーザーが衝動的に購入
しがちなことも、LTVの低さに何かしら影響を与えている可能性が
あります。

　再三お伝えしているように、企業がSNSを使わない手はありませ
ん。SNSユーザーの行動特性を理解したコミュニケーションを設計
し、事業成長につなげることは重要です。ただし、SNSは広告だけ
ではなく、アカウント運用を含めた、ユーザーとその行動を理解した
「全体的なコミュニケーション設計」が重要になるという点を、ご理
解いただきたいのです。

　事業の成長段階の「どの位置にいるのか？」によって判断が変わり
ますが、個人的には、SNSは広告でのダイレクトレスポンスに注力
するよりも、自社の公式アカウントを通じて、ユーザーとの直接的な
コミュニケーションを重ね、ユーザーと近い存在になり、支持者を増
やすことを優先したほうがよいでしょう。そして、広告は補助的に実
施し、拡大フェーズで本格的に投資を行えば、成果にもレバレッジが
効くと思っています。

05 SNS に抱く幻想

　何度も繰り返して恐縮ですが、SNS が私たちの事業を成功に導いてくれる特効薬になる訳ではありません。黙々と、一所懸命にキレイな写真や製品の良さを発信し続けても、ビジネスにインパクトを与えるようなことにはなかなかつながりません。前述の即効性が得られる「発生条件」で触れているように、企業活動の「拡大鏡」というイメージを持ったほうがいいでしょう。

　また、SNS の施策は「ストック型の施策」と評価される場合があり、これは一面の事実ではありますが、誤解や幻想を抱くことにもつながりそうです。前にご紹介したプレーヤーと、それぞれの関係性など、しっかりと本質・真実を捉える必要があります。

　ちなみに、SNS の施策が「ストック型の施策」と言われる理由の1つに、「フォロー」してもらう、という「関係をキープできる機能」があります。仮に、定期的に広告を展開した場合、売上につながらなくても "フォロワーが増える" という算段です。次の図のように、時間経過と共にフォローしてもらった人（フォロワー）の数がストックされていきます（フォローを解除されなければ）。

【 フォロワー数の推移（イメージ）】

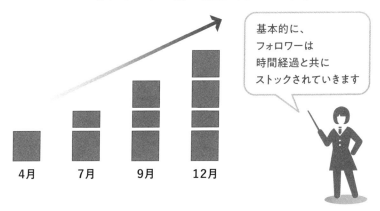

基本的に、
フォロワーは
時間経過と共に
ストックされていきます

| 4月 | 7月 | 9月 | 12月 |

SNS はこちら（企業）側に興味を持ってくれる潜在顧客・見込み顧客と思われるユーザーとの関係性が維持しやすく、コメント投稿やフォローなどの機能もあるので、コミュニケーションを取りやすいというのは確かです。

このような環境が無料で使えるのは本当にすごいことですが、この仕組みを使ったとしても、みなさんの対象顧客は処理しきれない情報と触れています。自社をフォローしているということは、他社もフォローしているでしょう。プラス要素がある一方で、ビジネスへのインパクトを考慮すると、苦戦を強いられる要素も少なくありません。

やはり、リソースや広告費を投下する以上は、効果測定は「いいね」や「フォロワー数」などではなく、あくまでもビジネスの目的である購入や資料請求などを CV と定義し、評価することが重要です。

はじめのうちは施策単位などの詳細の管理は不要なので、SNS の各プラットフォーム単位のざっくりとした指標でも OK です。

【 フォロワー数ではなく「CV」という軸で判定する 】

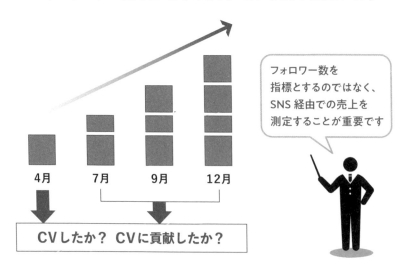

SNS 経由での CV を評価する際は、Chapter 5 でご紹介した QR コード（138 ページ参照）のリンク先に記載してある「パラメーターを利用した測定方法」の他に、クーポンコードなどで判定するのもひとつの方法です。また、メールアドレスなど一意の情報を取得し、購入者リストのデータと突き合わせることで、「CV」という軸で判定することが可能になります。

　企業がマーケティング活動として取り組む以上は、SNS のフォロワー数といった表面的な数値ではなく、ビジネスの成長に直結する項目を現実的に測定し、判断することを第一に考えるべきです。

06 SNS の利点を活かす

　こちらのテーマでは、具体的に SNS の利点をマーケティング活動に活かすための内容を共有します。ただ、弊社は「企業支援」という業務の特性から、SNS 運用に特に注力していません。理由は、社内リソースの問題から、具体的な戦略を構築しても運用の投資効果が見込めないと判断しているためです。

　従って、ここでは弊社がテスト的に実施した事例と参考情報から、みなさんに流用していただけるように要素を整理しました。ここまで共有した SNS に関する内容と重複する部分もありますが、活用時のヒントにしていただければ幸いです。

◉ 5つのメリット

　SNS をマーケティングに活かすことには、次ページの図に示した5つの利点があります。図に挙げた5つのメリットのうち、企業にとって特に大きなメリットは、「ダイレクトに双方向のコミュニケーションが可能」という点です。

【 SNS をマーケティングに活かすことの「5つのメリット」】

❶ 見込み顧客＆潜在顧客のリスト化が可能

❷「情報」の流通・拡散力が強い

❸ ダイレクトに双方向のコミュニケーションが可能

❹ リアルな人物像の把握ができる

❺ リアルな反応・本音を知ることができる

　ユーザーによって、実名の場合と匿名の場合がありますが、例えば企業側がユーザーの声を拾いたいと思った時、実名であれば正直で誠意のあるコメントとして捉えることができますし、匿名であれば配慮に欠けるコメントもあり気持ちの良いものではないかもしれませんが、本音を知ることができます。

　さらに、発信者のアカウントを確認すれば、プロフィールや投稿内容などから、一瞬でどのような人物なのかがおおよそ見当がつくため、コミュニケーションを取るべき相手か？ といった判断も可能です。

◙ ダイレクトにコミュニケーションがとれる

　SNS に注力している企業が実施している一般的な施策が、自社の製品やサービスに関する投稿をしてくれたユーザー向けのフォローです。例えば「#(ハッシュタグ)」＋「企業名（or 製品名）」で投稿しているユーザーへ、お礼コメントや DM を送ることで、直接的なコミュニケーションが取れます。

　私の実験用サブアカウントで、ある日本酒に関する投稿をしたとこ

ろ、酒蔵さんからコメントがあり、素直に嬉しいと感じた体験があります。人は誰でも、承認されると嬉しいという感情が生まれるものです。企業の行動ひとつで、顧客と近くなる効果が期待できるのです。

このように、SNS上のユーザーコミュニケーション履歴がストックされることも、SNSの特徴の1つです。また、先ほどの酒蔵さんの例と同じく、食事をした店舗を「#店名」と投稿すると、SNSに注力している店舗からは、必ずお礼コメントが入ります。

こうしてつながった後、他のテーマで投稿しても、タイミングが合えば「いいね」ボタンを押してくれるようになります。作業は単純ですが、徹底しようと思うと、それなりの工数を要します。直接的な成果があるかは不明ですし、すぐに売上につながらないことが多いでしょう。ですが、ユーザーが**忘れない、ユーザーの記憶に定着するという点は間違いありません。**このような事実を踏まえた上で「SNSマーケティングをどう考えるか？」が問われているのです。

◉「参加」というハードルが下がった

弊社の事例をご紹介します。これはもともと弊社プロダクトの「ツール運用テスト」が目的だったのですが、「折角なので一定数（最低1,000人）の参加者は募ろう！」ということになり実施した「参加型企画の反応テスト」の事例です。

実施した時期は、コロナ第一波のタイミングでした。弊社クライアント様の95％がBtoCなので、BtoCの事例・テストを実施したかったのですが、弊社には適切な商材がありません。そこで思いついたのが、当時、話題になっていた「小中学校の休校」と「甲子園開催の是非」という2つのテーマに関する世論調査で、SNS広告を出稿してみました。

また、単なるアンケートでは手軽すぎるので、設問の最後にフリーコメントを投稿して完了という、ちょっとしたハードルを設けてみました。回答者への特典はありません。

以下が、その結果です。

① 休校
参加者：3,018 名　完了者：1,068 名　完了率：35.39%
集客期間：8 日

② 甲子園開催
参加者：2,191 名　完了者：1,206 名　完了率：55.04%
集客期間：4 日

前述のとおり、回答者への特典は準備していなかったので、このように多くの反応が取れたのは、ちょっとした驚きでした。

しかも、驚くのはコストです。

① 34,232 円（クリック単価 22 円）、② 26,148 円（クリック単価 12 円）という、1 クリック数百円、数千円という相場が常識となっている現在の状況において、驚愕の結果となりました。

また、集客日数は、②に関して言えば実質 4 日です。1 時間で最大 300 名の参加者が集客できました。立ち上げに協力してくれた社内メンバーには大変申し訳ない言い方になってしまいますが、スピード重視だったため "非常にライト" な感じのページになっています（投資効果としては、最高のパフォーマンスでした）。

回答者と回答結果を確認しても、オーディエンス（広告にリーチしたユーザー集団）はほぼ設定どおりという点も、改めてデータから確認ができました。また、今回、メールアドレスやフォローの要求など、今後のコミュニケーションを考慮した施策は実施しませんでしたが、この点も戦略的に実施していれば、関係性はキープできたと思われます。

■「コロナにおける休校に関するアンケート」のSNS広告画面

■「コロナにおける休校に関するアンケート」の集客状況と結果

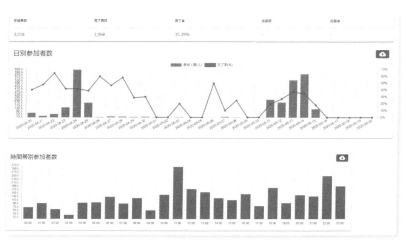

■「コロナにおける甲子園開催に関するアンケート」の SNS 広告画面

■「コロナにおける甲子園開催に関するアンケート」の集客状況と結果

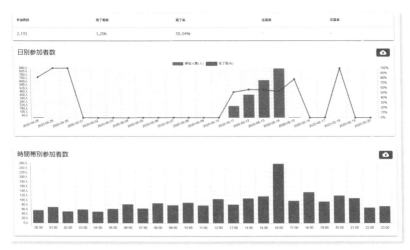

この事例からも、ユーザーの行動に変化が生じているように感じます。変化とは、SNSの普及により手軽にリアクションできるようになったため、**企業が立ち上げる「企画」などに対するユーザーの抵抗感が小さくなっているということです**。この点は、「いいね」といったリアクションやコメント投稿など、SNS時代の大きな特徴の1つといえます。

ご紹介した弊社事例は、売上に直結する施策ではありませんが、例えば、ユーザーに自社の製品やサービスに対する理解を深めてもらうための企画を立案・構築し、ユーザーとのコミュニケーションを展開することで、「売上」という成果を得るためのヒントになるのではないでしょうか？

このように、SNSという今までになかった環境とユーザー特性を知り、活かすことは、企業が押さえるべきポイントといえます。

07 SNS上の支持者を増やす

巷で目にする**SNSの成功事例は、もともと認知度があった製品や企業が多い**と思いますが、本章の最終テーマでは、もともとは"無名"だったにもかかわらず、SNSを活用することで業界の常識をひっくり返した、ある方の事例をご紹介します。広告ではなく、日々の情報発信を通じてSNS上の支援者をどのように増やすか？についての好例です。

ここで紹介する"ある方"とは、多くの料理人や釣り人から「究極の血抜き 津本式」の開発者・伝道師として知られ、一部の業界では熱烈なファンも多い津本光弘さんです。津本さんは、SNSを駆使して「究極の血抜き」という新カテゴリを創造しました。

津本さんが市場仲卸に勤めていた時のこと、魚の血抜き業務をし

ながら、あることに確信を得ました。それは、「美味しい魚に仕立てるには、どれだけ早く臭みのある血を抜けるかが、もっとも重要だ！そのためには魚の体内に水を注いで血合いの血も洗い流すことで、臭みを極限まで消す！」という、当時、誰も思いもつかない方法でした。

　ところが、当時の業界常識は、魚の体内を水で洗う行為＝「魚の旨みがなくなる」という認識でした。津本さんが編み出した方法は熟練の先輩にも否定され続けましたが、津本さんは信念を曲げず、コツコツと実践と研究を重ねました。

　そして、津本さんが「血抜き」のYouTube動画を配信すると、徐々にファンが増え、ファンがファンを呼び、遂に、津本さんが提唱してきた非常識は、業界の常識へと進化を遂げていきます。

　現在では、津本さんは東京海洋大学でも講演されるなど、本業である魚仲卸業・長谷川水産に勤務しながら、魚の「仕立て」方法を世の中に発信されています。

　私は、自分で釣った魚を美味しく食べる方法を探していた時、数年前にSNSで「究極の血抜き」と出会うことができました。当時は「何となく知っている」だけで実践していませんでしたが、釣りの師匠であるSさんの推薦もあり「本気でやるぞ！」という衝動に駆られ、**津本さんの動画で学び、血抜きの製品まで購入**するという体験をしました。それ以来、私もファンのひとりです。

　津本さんは「魚の臭みの原因は血からはじまる」という信念の下、血抜きの方法を開発・実践されたのですが、私が初めて津本さんの動画と出会って以降も研究を続けられて、どんどん進化し続けているのがコンテンツからもわかります。

　ちなみに、この原稿を書きながら津本さんへ掲載許可の確認連絡を差し上げたところ、津本さんご本人から返信をいただけたのです！釣り人としては感無量で、暫くは自慢話ができます。エヘン（笑）。

脱線しました。電話越しで、津本さんが熱く語っていらっしゃったのは「究極の血抜き」の意義です。

「究極の血抜き（私たちの役割）とは、熟成など付加価値がつけられる魚を、美味しくなるように"仕立てる"ことです」

私は、この津本さんが語られた「意義」の中に、マーケティングはもとより、あらゆるビジネスに求められる「全ての要素」が詰まっていると確信しました。価値と存在意義が明確だからです。

そして「究極の血抜き」の輪は、今や全国の「仲卸業」「鮮魚店」「和食店」「鮨店」「ろばた焼き店」「居酒屋」などなど、まさに「魚への付加価値」を担うプロの間に広がっているのです。

■ Web サイト「津本式 .com β版」の公認者紹介ページ

津本さんは、魚を仕立てる際に便利な道具の製品開発・販売もされています（動画を観た視聴者から、津本さんが使用している道具などに関する問い合わせや質問が多いものと思われます）。そして販売を開始したところ、すぐに売り切れるほどファンの反響がすごかったのです。発売開始直後に「売り切れ」となる製品も少なくありません。

私個人的としては、「アサシンナイフ」というナイフが、いつまでも入手ができません（笑）。

　私が、津本さんが開発した製品を販売していることを知ったのは「津本式.com β版」のEC サイトが立ち上がった直後で、当時は「血抜きのサポート道具」や「津本式包丁」など数点しかありませんでしたが、今では当時とは比較にならないほど製品も増えています。

　製品開発中のプロトタイプ段階でサイトに動画が公開される時があるのですが、「魚を美味しく食べられるように」という思いから、純粋に良い技術・便利な道具を、腕の良い確かな職人さんと開発されている姿を見ていると、不安も迷いもなく、心から購入したいと思わされます。

　これは、私の単なる想像なのですが、津本さんの姿勢・お人柄によって良い職人さんとの協業・共創が生まれ、世の中にない「価値」を創造しているのだと感じます。

　ぜひ、津本さんの動画、特に初期の頃からの動画を確認してみてください。**成功のキーワードとなる「オタク性・情熱」と「素・自然」を、リアルに感じることができます。**

　最後になりますが、「究極の血抜き」によって仕立てられた魚を提供してくれるお店が全国にあります。ぜひ、食してみてください。私も何店舗かに足を運んだことがありますが、お世辞抜きに絶品です。近所になかった！　という方は、津本さんが「仕立てたお魚」をネットでお取り寄せできます（笑）。

　津本さんのサイトやYouTube における発信は、好循環のサイクルが「内面」にあるということを教えてくれます。私のように「内面」に共感する人が増えれば、今回のように紹介される機会も増え、結果的に好循環のサイクルが連鎖するのだと思います。

　さて、自社のアカウントで津本さんのようなことができるのでしょ

うか？ そんなに簡単ではないですが、SNSを活用する以上、やるし
かありません。SNS広告への投資や、他社の成功事例を模倣するに
しても、自社アカウントの支持者（フォロワーなど）を増やすことで
様々な施策の成功率は高まるため、「SNSを使って支持者を増やす」
ことは必須というのが結論です。

　ちなみに、自社が選択すべきSNSは、対象顧客や運営工数を考慮
して決定する必要があります。

◙ 支持者を増やすための「2つの注意点」と「3つのコツ」

　以下に、選択するSNSに関係なく「支持者を増やす」ための要点
を整理してみました。あらかじめお断りしておきますが、「ファン」
を増やすための要点ではありません。ファンづくりは、情報発信の質、
コミュニケーション能力、人間性などが問われます。突き放すような
表現になってしまいますが、ファンを増やすコツは、人に聞いてどう
にかなるものではありません。本項では、SNS運用を通じてフォロー
してくれるユーザーを支援者と定義し、フォロワーを増やす方法を整
理しました。

◉「2つの注意点」

　SNSを活用する際の注意点は次の2つです。

【SNS活用時の「2つの注意点」】

❶
「ウザい存在」にならない

❷
「返報の法則」を忘れない

❶「ウザい存在」にならない

御社に興味がある人・知っている人に対しては、自社の「強み」や「特性」の発信頻度を高める必要があります。一方、御社に興味のない人に対しては、どのような施策が有効でしょうか？ 興味がない人に対して自社の強みを語っても、スルーされてしまうのは火を見るよりも明らかです。

以前、私のSNSの先生である中学2年の次男から学んだことがあります。それは「アカウントの仕分け」です。

以前、次男が操作中のスマホを覗いた後、興味のない情報（アカウント）を一瞬で処理（ブロック）しているのを見て驚いたことがありました。現在では、情報との接触頻度が高いユーザーは、情報処理・判断のスピードが異常なほど早くなっているのです。

相手の気持ちや心を無視した、度を過ぎた自社のアピールは、残念ながら、ただ「ウザい」だけのものになってしまいます。SNSユーザーが何を求めているのか？ 何を「価値」と感じるのか？ を吟味して、発信内容を検討する必要があります。

❷「返報の法則」を忘れない

「返報の法則」とは、他人から受けた好意などに対して、何かしらお返ししたい（報いたい）と感じる心理のことです。これはSNSの活用に限ったことではなく、従来のマーケティング戦略上でも多用される手法（心理効果）ですが、SNS運用時においても特に意識する必要があります。

具体的には「いいね」や「フォロー」など、ユーザーがアクションしてくれた際のお礼のDMや「いいね」「フォローバック」（フォローされた人をフォローする）などが該当します。

SNSでは、「返報の法則」を無意識に実行しているユーザーが多いことに驚かされます。

◉ 3つのコツ

続いて、3つのコツは以下となります。

【 SNSをマーケティングに活かすための「3つのコツ」】

❶ 水戸黄門化

❷ 影響力のある人を追いかける・紹介する

❸「神は細部に宿る」を知る

「5つのメリット」（282ページ）と同じように、1つずつ確認していきます。

❶ 水戸黄門化

国民的時代劇とも言える『水戸黄門』は、数十年もの間、視聴者から支持されてきました。毎度毎度「お決まり」の展開にもかかわらず、長らく根強い人気を誇りました。SNSへの投稿内容も、同じように「水戸黄門化」することをお勧めします。

どういう意味かというと、『水戸黄門』では、登場人物である助さん、格さんなどの定番の登場人物が、お定まりの役割を全うします。このように、複数種別での投稿内容（自身が興味のある内容：景色、食べ物、料理、喜び、悩み、業界常識、製品・自社の強み、知識、社員紹介など）を定番化するのです。

投稿テーマやキャラクター（人物像）を事前に設定することにより、一定の枠内で運用することが可能になり、「類友」ではないですが、特定のユーザーに支持される確率が上がります。さらに企業や製品の強み・価値を中心に発信するだけでなく、「人間」らしさも出すことで親近感が生まれ、皆さんが本当に広めたい情報を受け入れてくれる

Chapter
10

SNSを活用する

土壌づくりにつながるのです。

❷ 影響力のある人を追いかける・紹介する

ここでの「影響力のある人」というのは、フォロワー数の多さではなく、「SNS上で人を動かす力」を持っている人のことです。

例えば、一番ライトな指標である「いいね」の数や、ライブ配信時の視聴参加数などが指標になります。

SNS上で影響力のある人を何人かピックアップし、自分が本当に好感を持てる企業や人をフォローしてみて「どのような投稿をしているのか？」「どのようなコミュニケーションを実施しているのか？」を学ぶことは非常に大切です。そして、本当に役に立つ投稿を見つけた時や好感が持てた時は、自社アカウントで「影響力のある人」をタグ付けして紹介します。人によっては、「A社さんが、こんな風に紹介してくれましたー」と、自社のアカウントも含めて投稿してくれる場合があります。私の実験用アカウントでも、あるインフルエンサーの方に紹介していただいた際、通常時と比較して「いいね」や「プロフィール」へのアクセス数が150倍にもなりました。この時は、「本当に影響力のある方」の威力のすごさを感じました。

❸ 「神は細部に宿る」を知る

誤字脱字の排除、無駄な言葉や単語の削除、読みやすさの徹底、写真選び、ハッシュタグの選択（Big・Smallワード）、印象のよい言葉遣い、きめ細やかな配慮など、SNSを運用する上で「外してはいけない要素」を大切にしましょう（疲れない程度に）。第三者が「紹介したい」と思ってくれた際、「やっぱりやめておこう」と判断されないような投稿を日頃から心がけることが重要です。

◎ 企業の「人格・人間性」を知ってもらう

　最後にSNSに関する補足情報を共有して、本章を締めたいと思います。私は、**企業がSNSの特性を最大限に活かすことが、企業の「人格・人間性」を広く知ってもらい、さらにユーザーを知り、「企業（製品）価値」を知ってもらうための最も有効な手段の1つと感じています。**

　SNSは実名・匿名を問わず、オンラインでつながりやすく、コメント発信もしやすい環境です。SNSには無数の異なる立場のプレーヤーが存在しており、それぞれの関わり方や目的も異なります。心ない誹謗中傷や炎上を生みやすいという負の側面もありますが、企業にとってはリアルな声を聞ける場でもあります。

　SNSユーザーは「好き」「嫌い」という情報処理が早い一方で、企業側の投げかけに反応しやすい顧客層も存在します。

　企業のマーケティングを担う立場の皆さんに**最も感じていただきたいのが、SNS特有の「生々しい感じ・空気」です。**

　最近は、ユーザー行動などを収集・集計してくれる便利なツールがあります。弊社もそうしたツールを利用したことがありますが、とても便利な一方で、リアリティを感じることができません。戦略構築時の情報を得るには十分なのですが、「腹落ち」するための情報を得るには不十分なのです。

　無機質な戦略にコミュニケーション設計などの肉付けをするためには、ユーザーの反応を感じ取る作業や、SNS内を転々として生の声に触れることが必要不可欠です。

　参考になるかどうかわかりませんが、弊社が実験的に運用している、フォロワー5,000人前後の質を重視したインフルエンサー開拓代行では、3人に1人は何かしらの反応をしてくれます。それらの投稿内容を確認すれば、クライアント企業に「合う人・合わない人」が予想できます。適度な距離感でコミュニケーションを行うことで、約50%の方が自主的に、製品告知をしてくれます。これには正直驚きました。

無理な努力をせず「なんかいいなぁ」という「空気」を自然に作れる企業は存在します。また、そういったことを感覚的にできてしまう天才的な人が稀にいます。

　一方で、発信する情報が作れず、悩んでいる企業が圧倒的に多いというのが現実だと思いますし、多くの企業は同じような場所からスタートしているはずです。

　イチロー選手ではありませんが、私も「必要な遠回りはすべき」だと思います。いきなり正解を導き出せなくてもいいと思います。よく考えて行動する。検証をして軌道修正する。この繰り返ししかないと断言できます。

　これからのマーケティングは、数値化できない「雰囲気・空気・感性」などがますます重要になってくるでしょう。それらを体得するためには、自ら率先してユーザーが集まるアプリやサイトを利用し、意識的にその空気に触れ続け、対象顧客を無意識に理解できる状態にまで自身を変化・適応させる必要があります。これからは、そうした努力や自己変革が、マーケティング従事者や経営者にとって、非常に重要なテーマになってくるでしょう。

おわりに

　野球界に偉大な功績を残された、故・野村克也氏が好んで使用されていた有名な言葉があります。

「勝ちに不思議の勝ちあり、負けに不思議の負けなし」

　この言葉をデジタルマーケティングに置き換えた場合、私の解釈は以下の言葉になります。

　まず、「勝ちに不思議の勝ちあり」ですが、不思議の勝ちはあっても、そのまま流さずに、その原因をとことん調べて**"再現性のある勝ち"にすることが大切**、と考えます。継続的に事業成長を遂げるビジネスの達人は、常にそういうことをしています。

　そして、「負けに不思議の負けなし」については、何事にも通じていると思います。

　本書では、デジタルマーケティングにおいて「不思議の負け」を排除するための「必要要素」を整理してきましたが、実は「もう一手」が必要です。

　事業成長に直結させる「投資」を実現するには、自社の参入市場に合わせてアレンジし、継続的に実践する必要があります。

　成果が得られない時も、脳みそに汗をかき続け、社内都合や忖度など気にせず、目の前のことに集中し、行動して、経験を重ねる。

　どうにもならない外部環境の変化が起きようとも、そのせいにせず、心を落ち着かせて、ひたすら脳みそに汗をかき続け行動するのです。

このような積み重ねを続けることでようやく、今まで見過ごしてきた「情報やヒント」が見つかり、それを活かして「勝ち」につなげることができるようになるのです。

　この「積み重ね」の結果を、ビジネス・マーケティングの達人たちは「たまたま」「運が良かっただけ」などと表現します。

　私は、達人の域には遠く及びません。まだまだ修行が必要な身です。そんな私でも、日本の企業はデジタルマーケティングの恩恵を、十分に享受できていないと感じますし、できることは、まだまだたくさんあると思います。

　今の日本は、後ろ向きで暗い情報にあふれていますが、あらゆる事業のど真ん中にいる私たちマーケティング関係者が、ビジネスを通して進化を遂げ、明るい情報を増やせたらと、心の底から願っています。

　最後になりますが、本書を執筆するにあたり、社内外の多くの方々からご支援をいただきました。本当にありがとうございました。個別に挨拶を述べたいのですが、ページ数の都合上、ご容赦ください。

　また、創業時から公私共々多くの気づきをいただいている、師匠であるIさん、Tさん、そしてご支援の機会をいただいておりますクライアント企業様、IBFメンバー、皆様のおかげで、会社経営やマーケティングと向き合う喜びを、今もこうして噛みしめることができています。感謝してもしきれません。本当にありがとうございます。

　本書が、一社でも多くの企業様が事業成長に直結するデジタルマーケティングを構築し、磨き続けるきっかけとなれば幸いです。
　日本の企業は、まだまだやれると信じています。
　素晴らしい製品・サービスの流通を共に増やしていきましょう！

　　2023年2月20日　　　　　　　　　　　　　　　宇都雅史

本書を読んでくださったあなたへ

この度は、書籍をお読みいただきありがとうございました。
本書はタイトルのとおり「入門編」のため、
本書で紹介できなかった「専門領域」をサポートするための
特設ページを準備しました。

https://www.ibf.co.jp/book/2023

<その1> 運用中の広告を分析・改善アドバイス

<その2> 実践をサポートする事例やノウハウ集

なお、こちらのページは、事前予告なく閉鎖しますので、
あらかじめご了承ください。
興味のある方は、早めにご確認いただければ幸いです。

デジタルマーケティングを上手く使いこなし、
あなたの事業が加速成長することを願っております！

インターネット・ビジネス・フロンティア株式会社
メンバー一同より

デジタルマーケティングでよく利用される指標

用語	呼び方	目的	解説
CPA	シーピーエー	・集客の指標	Cost Per Action の略。 注文以外の成果獲得（例：資料請求、メールアドレス）1件に要した費用。 広告費÷成果＝ CPA。
CPO	シーピーオー	・集客の指標	Cost Per Order の略。 1件の注文を得るために発生した費用。 広告費÷注文数＝ CPO。
LTV	エルティブイ	・集客の指標 ・リピート	Life Time Value の略。顧客生涯価値。 初回の製品購入から、生涯を通じて自社にいくら売上・利益をもたらしてくれたかを表す指標。 一般的には「1年間の LTV」などと期限を切って集計する。
ROAS	ロアス	・集客の指標 ・リピート	Return On Advertising Spend の略。 投資に対する売上額を表す指標。 100万円の投資に対して売上500万円であれば ROAS 500%となる。 売上÷広告費× 100（%）。
ROI	アールオーアイ	・集客の指標 ・成約の指標	Return On Investment の略。 ＝利益額÷広告費× 100（%）。
CVR	シーブイアール	・集客の指標 ・成約の指標	Conversion Rate の略。 特定のページ・サイト訪問者数のうち、何％の人が CV に至ったか？の割合を示す。 CV 数÷訪問者数× 100（%）＝ CVR。

【著者紹介】

宇都　雅史（うと・まさし）

◉──インターネット・ビジネス・フロンティア株式会社代表取締役。
21歳の時、保証人をしていた父親の会社が倒産。倒産後の処理を手伝いながら大学を卒業。
コピー機販売、ネットベンチャー企業を経て2004年同社設立。「素晴らしい商品・サービスの流通を増やし、世界中を幸せにする」という経営理念のもと、各分野のスペシャリストが集う同社を率いる。ECサイト運営経験を武器に、現在は、戦略コンサル、デジタル広告運用、クリエイティブテスト、ECシステム構築など、ジャンルを問わず、デジタルマーケティングを必要とする幅広い企業の業績拡大に貢献している。
◉──支援先のクライアントは、大手メーカーD2C、国内最大級アパレルEC、通信教育、グローバル企業の他、優位性の高いモノづくり企業の支援にも注力している。
◉──著書に『消えるサイト、生き残るサイト』（PHP研究所）『なぜ、あの会社だけが選ばれるのか？』（ビジネス社）がある。

手にとるようにわかる　デジタルマーケティング入門

| 2023年3月20日 | 第1刷発行 |
| 2023年5月23日 | 第2刷発行 |

著　者──宇都　雅史
発行者──齊藤　龍男
発行所──株式会社かんき出版
　　　　　東京都千代田区麹町4−1−4 西脇ビル　〒102−0083
　　　　　電話　営業部：03（3262）8011㈹　編集部：03（3262）8012㈹
　　　　　FAX　03（3234）4421　　　　　　　振替　00100−2−62304
　　　　　https://kanki-pub.co.jp/
印刷所──ベクトル印刷株式会社

手にとるようにわかる

ブランディング

BRANDING

入門

大伸社コミュニケーションデザイン

金子 大貴 × 一色 俊慶

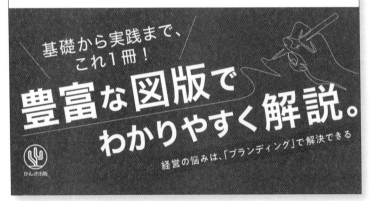

基礎から実践まで、
これ1冊！

豊富な図版で
わかりやすく解説。

経営の悩みは、「ブランディング」で解決できる

かんき出版

［ 定価：本体 1,600 円＋税 ］